入空門兮學修真　天堂地獄任遊巡

金剛般若波羅蜜經講義

捨死忘生開妙慧　貪著幻緣是愚痴

心空法師◎著

華夏出版公司本著「弘揚傳統文化，好書永世流傳」的理念，因舊版圖書年代久遠，囿於時空因素，在尚未能聯繫到原著作人並取得同意下，重新出版了這本著作，如有侵權，敬請著作權人或其親友和華夏出版公司聯繫，謝謝您。

心空偈言

入空門兮學修眞。天堂地獄任遊巡。
斷除邪見心降伏。龍蛇混雜豈難分。
黑風吹兮船舫在。住忍無生見法門。
逆水行舟憑巧技。冰山雪嶺變成溫。
學禪定兮如石獅。生死玄機衆要知。
捨死忘生開妙慧。貪著幻緣是愚癡。
但得本兮莫愁末。甘餐野味亦心如。
淨比瑠璃含寶月。清修度世樂猶餘。
悟眞空兮解經義。邪思正念一時間。
廣結善緣匡世道。福慧雙修入寶山。
莫徒勞兮宜信守。不知精進若雲煙。
碧海閒遊常自在。一塵無染是金仙。

金剛經講解緣起序

這部經之講解，乃心空法師廿餘年來潛研經中教義。曾應各叢林，及各地方佛經講堂，講座之邀請。而闡揚般若經中之妙理講解，亦有一、二十年之久矣。過去，法師獨自在關子嶺山頂上，蓋茅屋隱修頭陀苦行，數年來如一日。勵志衝關，精心究解經中大意，略有所成就。然而有一偶然之動機，而下山開闢建築小南海普陀寺，觀世音菩薩的道場。在於臺南縣白河鎮，當到了道場，大部份完成後。只存小部份未完成。而法師受了衆信徒之懇求，要著作這部金剛經講解以利人。這時法師毅然，就將辛辛苦苦所建造起來的普陀寺，無條件讓給他人管理。心身空空如也，步出普陀寺。時，承蒙有一大德，郭杜碧信女的虔誠發心。願供奉法師一切日常費用，並提供以別墅爲著經道場。這亦可謂殊勝的因緣，而能順利完成這卷經之出版。本經是以無相爲宗，無住爲本，妙有爲用。此經中解說分明闡述甚詳。有原文經句的解說，隨心各得解。有通俗字句亦有白話句。言簡理直。然著經大德甚多，各有所長處，可以參照之。

但是得其此經者。以難遭遇想。切勿大意放過而後悔，此身不向今生度，更向何時度此身。人身眞是難得，佛法更加難聞。經中云：尊重正教第十二末段『若是經典所在之處，則爲有佛，若尊重弟子。』則尊重三寶之意也。引取經詩云：『晉、宋、齊、梁、唐代間。高僧求法離長安。去者成百歸無十。後生焉知前者難。路遙碧天唯冷結。河沙遮日力疲殫。後賢如未諳斯旨。往往將經容易看。』經是法寶也。經中第八分末段云：『須菩提。一切諸佛，及諸佛阿耨多羅三藐三菩提法，皆從此經出。』我佛慈悲，特說此經。是最上乘，即能頓悟，識自本心，見自本性，使我們直到彼岸也。

此經原包括，在大般若經六百卷中，第五百七十七卷的獨立經卷。辭有盡，理無窮。能斷除衆生一切的煩惱。脫離日常生活的苦厄。到達心地安樂之境界可爲成佛作祖之舟航，化度衆生，速離苦海之寶筏也。讀誦此經須解其義。茲爲應同學大德之鼓勵。推余來寫這篇金剛經講解緣起序。義不容辭。願諸賢達體諒，拙者學識淺薄。倘有疏忽之處。尙祈宥鑒。書於阿碧姑大德的別墅中靜室，微妙敬筆爲序。並且賜教，是所至禱。

法會因由分第一

如是我聞，一時佛在舍衛城，祇樹給孤獨園，與大比丘衆，千二百五十人俱。爾時世尊，食時着衣持鉢，入舍衛大城乞食。於其城中，次第乞已，還至本處，飯食訖，收衣鉢，洗足已，敷座而坐。

如，則永不變。是，則永不錯。我聞。是我親聽佛說此經。如是我聞，這四個字的由來。就是這樣的。是釋迦牟尼佛，在拘尸那城附近，醯蘭若河的地方，如來佛在這個時候，已是快要圓寂。阿難見師父，快臨命終，就悲從中來，這個時候，佛的弟子，須跋跎羅也來到，見阿難就在悲泣，因勸阿難曰，師父在世，我們還可以隨時問道，師父若是圓寂，我們就沒有辦法請教，不如趁師父未圓寂的時候，有四件很重要的事，你可以請師父，指點出來給我們聽聽阿難就請佛開示，世尊，圓寂以後，應以誰爲師。佛就答曰，應以波羅提木叉爲師。波羅提木叉，是梵語，譯華言，爲戒律，卽要以戒律爲師。阿難又問曰，世尊，圓寂以後，應以何法，則能住道。佛就答曰，應該以四念處爲住。何謂四念。（一）觀身不淨，（甲）種子是父精母血的不淨。（乙）心地所住著之處，貪愛，執著，無明，煩惱，皆是不淨。（丙）生前在於母胎，濃血所養成的不淨。（丁）死後，汚穢充滿不淨。（二）觀自己，觀他人，所受一切，皆是苦惱。（三）觀心無常，因有妄想心，思前慮後，沒有定性，卽非本心，所以眞心不能實現。（四）觀法無我，人之一切的苦惱，皆爲我見，所迷惑，卽不能安樂，於法來說，先破我法二執，於事相，世界所有之物，實無一物可得若是依此四念法，常常的覺察，卽不失道心。阿難又問曰。世尊，圓寂以後，在會中的大衆，信心也有參差不齊，如遇變心的弟子鬪亂僧衆，應該用什麼方法調護他。佛就答曰，以默擯，俗語就是不理他，不能合作的意思，各人修，各人行，各人生死，各人求。阿難又問曰。世尊。圓寂以後，師父所說的經典，起頭應該用什麼文字。佛就答曰。如是我聞。佛圓寂以後。阿難及師兄弟們，當時在七葉窟，結集經典之時，開頭便先唱，如是我聞。各經典起頭共通，有寫四字，如是我聞，就是佛親口所說，證明經文，確實不錯。使後來的正信。不可自作聰明，僞改原文經者，罪過應墮無間地獄，不可不愼。說此經之時，佛在舍衛城。是波斯匿王的國都。祇樹。祇陀太子，所施捨的園地。給孤獨園。波斯匿王，有一個大臣，名叫須達多者，樂善好施，常在此園，賑濟貧人，所以大家稱他爲給孤獨長者，長者出錢建設道場，所以合名，祇樹給孤獨園。與大比丘衆。男子出家，有德行，卽稱爲比丘。女人出家，授三壇大戒，稱爲比丘尼。譯華語，卽是乞士，上乞法，以慧命的光明。下乞食，以養生命。千二百五十人，俱在一處，和合受持。爾時，世尊，食飯時候，過午就不食。佛有十號，如來，應供，正徧知，明行足，善逝，世間解，無上士，調御丈夫，天人師，佛世尊。世尊，着袈裟大衣，持鉢。鉢，是日常食飯的碗，有限量的，令人不貪口腹也，行入舍衛大城去乞食，於其城中，每戶不分貧貴，大慈平等，使他們布施種福田，乞食不過七家，還至本處，食了飯，就收衣鉢，心無勞慮。洗足已以表示除塵，淸淨身業。敷座而坐。以表示禪定，淸淨身心。

善現啓請分第二

時長老須菩提，在大衆中，即從座起，偏袒右肩，右膝著地，合掌恭敬而白佛言，希有世尊。

時，即是佛陀敷座而坐，入三昧定，觀機欲要說法，未說的時，長老，二字名詞，就是德重，年高的稱呼。須菩提，是梵語。譯爲空生，亦叫善現，又名善吉。須菩提，觀佛敷座，知道佛意，佛又要說法，須菩提，有兩句道理的疑問，需要請問佛陀，在大衆中，即從座位站起來，就先表示威儀，及嚴肅，偏袒右肩，因爲印度平常所着的衣服，遍覆全身。須菩提，偏袒右肩，表示智慧，左肩就是定力，則是定慧等持。右膝著地，表示不敢行左道旁門。合掌恭敬表示皈依三寶。三寶者，佛、法、僧，皈依佛，邪迷不生，少欲知足，能離財色，名兩足尊。皈依法，念念無邪見，以無邪見故，即無人我貢高貪愛執著，名離欲尊。皈依僧，一切塵勞愛欲境界，自性皆不染著，名衆中尊。內調心性，外敬他人，卽是自皈依也，早晚課誦，念三皈依，就是這個道理，需要記在心頭。須菩提，向佛讚了一聲，希有世尊，今日機緣最好的，卽稱讚希有，具六種成就。（一）法師成就。（二）聽衆成就。（三）道場成就。（四）信心成就。（五）聞能悟解成就。（六）時候有契合成就。今日都是道高德重的，一大因緣難得希有。

如來善護念諸菩薩，善付囑諸菩薩。世尊。善男子善女人，發阿耨多羅三藐三菩提心，云何應音鷹**住。云何降伏其心。**

須菩提，當機請問，師父您，時時教化未成道的弟子。對於成道的菩薩。菩薩，是梵語。譯爲淸淨，福慧雙修，卽稱菩薩。師父您，常常吩咐他們的，擔任佛法傳流後世的衆生，師父，若是未出家的善男子，善女人，發無上正等正覺心，要怎麽樣，卽能常住這個菩提心不退。若是生恩愛心，六欲心，妄想心的時，要如何，降伏這個妄想心呢。

佛言善哉善哉，須菩提，如汝所說，如來善護念諸菩薩，善付囑諸菩薩，汝今諦聽，當爲汝說。

世尊，聽須菩提，直問這兩句的道理。佛陀，非常痛快，自成佛以來，要直示此心，奈未得機緣，至於今日，須菩提問得契合對機，所以稱揚他問得很好。佛對須菩提言，照你現在所說的，如來我，對衆弟子。善護念善付囑。你既明白這個道理，你問一般善男子，善女人，發自本覺心的時，要如何使他們常住這個淸淨心，若生妄想心的時候，要用什麼方法，降伏這個妄念心，須菩提，你們好好聽着，我當然爲你們解說。爲什麼世尊吩咐注意聽呢，修到聲聞乘，一聞大乘法，即不能徹悟，心裡就會變態疲倦、何況一般。如舍利弗。聽維摩詰居士說法，說不思議品。不是簡單的道理，不能了解，有聞等於無聞。就生妄想，即被長者呵責（爾時舍利弗，見此室中無有牀座。作是念，斯諸菩薩大弟子衆，當於何坐。）舍利弗，聽此大法，却不能投機，很不耐煩，感到找椅坐坐吧。（長者維摩詰知其意，語舍利弗言。云何，仁者爲法來耶，爲牀座耶。）長者。知道舍利弗動了念頭，就質問曰。舍利弗，你做什麼呀。你是爲法來的，還是要來坐坐呢。舍利弗，被長者一問，太難爲情。（舍利弗言，我爲法來，非爲牀座。）舍利弗答得快，我是爲法而來的，不是只要來坐坐。但這一答，有三種的過失。第一，心口相違。第二，輕法重身。第三，輕視大法，樂小法。聽法者，需要放下一切，好好領受法語。（維摩結言，唯，舍利弗，夫求法者，不貪軀身，何況牀座。）長者對舍利弗言，唯字，亦有含着好感的話意教化他，若是要求法者，不可惜身命，即是眞實求法。世尊。若是要說法的時，就吩咐大衆注意聽的，使聽法者，即免白費時間。

善男子，善女人，發阿耨多羅三藐三菩提心，應（音鶯）**如是住，如是降伏其心。唯然。世尊願樂欲聞。**

佛卽開示。善男子，善女人，發無上正等正覺心，就是露出本來的。眞如自性，如人常在暗中，日光一照，一切皆現故知自性本自淸淨，本無染執，你們常常觀照自心，不可放逸，就是住這個菩提心，若是妄想心起念的時候，你應當迴光返照自性，妄想自滅，不需要去降伏它，不降而自降，就是降伏，妄無處所，不識本心，學法無益，就是這個道理。須菩提，聞佛開示，豁然大悟。就答應是是。師父您。所說的法，我全部喜歡納受在心，沒有疑問。

大乘正宗分第三

佛告須菩提，諸菩薩摩訶薩，應（音鶯）**如是降伏其心。所有一切衆生之類，**

佛告須菩提，不但善男子，善女人，要降伏其心，就是菩薩，及摩訶薩·亦應當降伏其心。摩訶薩。是梵語。唐言，大菩薩，修到什麼功行，卽可能稱爲大菩薩呼。大菩薩，不計算數。簡單用四位，衆所知悉，表達大菩薩的功行。觀世音菩薩。大勢至菩薩。文殊菩薩。普賢菩薩。發大慈、大悲、大喜、大捨，有四無量心，有方便力量，則可以稱爲摩訶薩，到這個功行甚深，得到眞空無相的，逍遙自在，無住無著。爲什麽。世尊。吩咐亦要降伏其心呢。因爲大菩薩，在塵勞中，心常清淨，憐愍衆生，爲利益一切衆生故，恐被衆生同化染著，亦應當如是降伏其心。所有一切衆生的總類。楞嚴經說十二類。現在說十類。不但人類。包含一切衆生在內。

若卵生。

卵惟想生，虛妄卽是想，和合氣成，卵以氣交。氣有剛柔，剛者成飛揚之亂想，柔者，成沉滯之亂想，剛氣飛揚者爲鳥，氣柔沉滯者，爲魚、龜、蛇、其類。

若胎生。

胎因情有，由是雜染愛情，胎以精交，有橫有豎之亂想，情有偏有正，正為成仙成人，橫者為偏，迷失本性，顛倒亂想，成龍，成畜依業受報。

若濕生。

濕以合感，由因執著。輪迴趣顛倒故，執情貪著，展轉不息，故成輪迴性，此惑造業，翻覆亂想，如是故有，濕相蔽尸，流轉國土，隨業受報，含蠢蠕動其類。

若化生。

由因世界，變易輪迴，假顛倒故，和合觸成，新故亂想，如是故有，流轉國土，迎新去故，背覺合塵，依惑業報，流轉國土，轉脫飛行其類，化以離應，指蚊、蠅之類。

若有色。

由因世界，留礙輪迴，障顛倒故，和合著成，精耀亂想，如是故有，虛妄障礙，性非通明，貪求光明色相，流轉國土，此種邪念，依業受報，指休咎精明其類。

若無色。

由因世界，消散輪迴，惑顛倒故，和合暗成，陰隱亂想，如是故有，無色，肉眼不能見它色相，生顛倒想，迷昧心性，滅色歸空，在六道中造業，受報。生空散消沉其類。

若有想。

由因世界，罔象輪迴，影顛倒故，和合憶成，潛結亂想，如是故有，思憶伴緣，邪妄失眞，恍惚不實，若有若無，然後托陰，顯赫群衆，在輪迴中，隨業應報，神鬼精靈之類。

若無想。

由因世界，愚鈍輪迴，癡顚倒故，和合頑成，枯槁亂想，如是故有，毀棄理智，心如枯木，念若死灰，無想爲眞修，沈空守寂爲是道，迷昧眞如，化爲土木金石其類。

若非有想。

由因世界，合妄輪迴，罔顚倒故，和合異成，迴互亂想，如是故有，非有想相，二妄相合，愛子心重，運泥作房，負責桑蟲，化爲其子，細腰蜂，異質相成其類。

若非無想。

由因世界，怨害輪迴，殺顚倒故，和合怪成，食父母想，如是故有，非無想相，流轉國土，如土梟等，附塊爲兒，及破鏡鳥，抱爲其子，父母皆遭其食。

我皆令入無餘涅槃而滅度之。

我勸化他們一切衆生，皆入無餘涅槃，無餘就是不留，不留一絲毫的妄想心，涅槃卽是不生不滅，不生貪嗔癡心，眞如自性是不滅，滅度就是解脫，滅是要滅煩惱障，度，卽度到彼岸，爲之解脫。自性包含萬像，若能常淸淨，消遙出六塵。佛。叫一切衆生，入涅槃，得滅度，他不是人類，怎麼可能聽他教化呢，使人實不可思議。引證佛在毗耶離城說法，有長者子，名寶積，讚佛偈，佛以一音演說法，衆生隨類各得解。佛陀有廣長舌相，說一聲法，一切衆生，各類，卽能知音了解，止惡行善，就可修到寂滅解脫。諸位大德，涅槃要義，是根本的路徑，可以保藏在心。六祖大師，開示弟子志道的，涅槃要義偈。（無上大涅槃。圓明常寂照。凡愚謂之死。外道執爲斷。諸求二乘人。目以爲無作。）涅槃是無上道，頓悟直超，一塵不染，圓融妙明，常覺不迷，如太陽普照大地，萬物皆現。凡夫愚癡的人，說涅槃卽是死亡，外道執各生死，不識眞理，執著肉體相，須要保存不可壞，色身若是壞，變成斷滅，不能再生。若求二乘的人，解釋，他也不能徹悟涅槃要義，他的見解，是沈空守寂，不動不作，他不識涅槃實相，是隨緣不變，不變隨緣，由依功行勤修，不惜身命，福慧雙修，卽證無漏智生，卽入無餘涅槃。偈末的歸納又言。（分別一切法。不起分別想。刼火燒海底。風鼓山相擊。眞常寂滅樂。涅槃相如是。）雖然善惡。好壞有分別，以平等觀，不取不捨，卽無障碍。譬如壞刼的刼火，燒到海水盡乾竭。災風擊倒須彌山的時，一切皆空，無水亦無山，無境亦無相，內心淸淨，本無一物，卽是眞空妙有，而顯眞常。眞樂。眞我。眞淨。涅槃就是萬刼不變易的眞理。受持者，須要謹愼。

如是滅度無量無數無邊衆生，實無衆生得滅度者。

如來我，雖然說種種的法，勸化一切衆生，不可造諸惡業，卽免墮落三惡道，受業報的痛苦，一切衆生，皆有具足德本，爲一念之差，沉輪在生死苦海，迷昧自性，被境轉流，癡迷不覺，眞可憐愍，勸他回頭是岸，卽示導他，去邪迷，歸正法，痛解前非，依三摩地、聞、思、修，三無漏學，自悟、自修、自度，怎麼度，將正見度，邪來正度，迷來悟度，愚來智度，惡來善度，如是等度，各自解脫。但是無量無數無邊際的衆生，解脫已，實無有一衆生，得如來我，滅度者。

何以故。須菩提，若菩薩，有我相，

這個是怎麼樣。須菩提，若菩薩，須要離去幻相，但是未悟的凡夫，知見多，即受知見障。所知多，即受所知障。心生分別相，自高自大，目無尊長，爭名奪利，好事歸己，惡事施人，都是有我相。

人相，

人相者，見人有勢有利，攀援諂曲，依靠他人的勢力，欺厭萎弱，假弄是非，都是人相。

衆生相，

眾生相者，就是不善心，誑妄心，嫉妒心，邪迷心，邪見心，惡毒心，吾我心，貢高心，我慢心，貪嗔癡心，如是等心，都是眾生相。

壽者相，

壽者相，人生不滿百，常懷千歲憂，焚香祈禱求神，託佛添壽，煉丹製藥，希望長生不老，這都是壽者相。有此四相，就是凡夫，破除此四相，卽是菩薩，

卽非菩薩。

若是眾生，凡夫所爲，都是損人利己，貪求不厭，不義語，說他人是非，有對待心，見境著境，愛欲心重，不能忘却，迷妄著相，不知夢幻虛假，卽有我人眾生壽者。有此四相。就是凡夫，卽非菩薩。

妙行無住分第四

復次須菩提。菩薩於法應無所住，行於布施。所謂不住色布施，不住聲，香，味，觸，法，布施。須菩提。菩薩應如是布施，不住於相。何以故。若菩薩不住相布施，其福德不可思量。

世尊。每會說法，恐怕弟子們，未能徹悟，誤解執著，即不能運用。佛就隨機契理，破他們的執著。佛陀連續而言，須菩提，菩薩依法而修，不是自利而已，亦須利他，內功外德，福慧並行，不可固執，應該無所住處行於布施。所謂不住色布施，因眼根對色相，眼識容易着相造業，所以先言不住色的布施，六根對六塵，互相有連帶關係，使眼根清淨，先空色相，然後聲、香、味、觸、法，不住相的布施，即不難行，施空物空受空，謂之三輪體空，就能廣結善緣，一切無碍，六根雖有，見聞覺知，不染萬境，而眞性常自在。此是妙行無住之道也。須菩提，菩薩以自調伏，而不疲厭，應該如是布施，不住於相。何以故。菩薩不求福德故，平等普施，這樣的，就是菩薩的願力，有此願力，其福德則不可思量。

須菩提，於意云何。東方虛空，可思量不。不也，世尊。須菩提，南西北方，四維上下虛空，可思量不。不也，世尊。須菩提，菩薩無住相布施，福德亦復如是不可思量。須菩提，菩薩但應如所教住。

須菩提，你的意思怎麼樣，東方虛空可思量否。須菩提答言，不也，世尊，東方那樣無邊際的虛空，不可能以心思度量得到。佛又問曰，須菩提，南、西、北方、四維上下虛空可思量否。須菩提答言，不也，世尊，十方虛空，自然難可思量的。佛又說，須菩提，我老實告訴你，你已知道十方虛空，是難可思量，若菩薩，無住相的布施，所得福德，和十方虛空一樣的，不可思量。須菩提，菩薩有具足願力，煩惱卽菩提，出入堅持，動靜一如，若遇逆境，自在無罣。你等處於五濁惡世，何謂五濁。劫濁、見濁、煩惱濁、衆生濁、命濁。在此五種之中，甚難避免這種的打擊。「劫濁」。就是日常受人毀謗、輕視、綺罵，而且不如意之事，這就是劫你等的功德法財，須要防備，卽免受他的劫害。用慈悲觀法，亦可以克伏劫濁。「見濁」。有五種。第一種，我見，凡夫所見解，不能純正，爲人都有各人的固執見解不同，凡夫心，所做之事，不能圓融，就會做出種種不正當的事來，卽造出種種的惡業來。第二種，邊見，就是偏見，偏在一邊的見解，不信因果，不守道德，所做之事，皆爲自利而已，不怕他人家破人亡，造此惡業，都不知過。第三種，戒取見。貪名著利，爲貪口腹，外貌是戒行，內心是貪取，因爲此人不明佛法，卽會做出這樣的。第四種，疑見。無論做什麼事情，都有疑惑心，沒有決定力，恐怕他人有大利益，這種人，不相爲謀。第五種，邪見。不合正當道理的見解。都不肯認錯，只有强詞奪其正理，正路不行，偏走邪道。用五根五力法，亦可以克伏見濁。「煩惱濁」。爲貪求而不厭，不知足，卽生煩惱業。嗔罣心，障自本性，若有不如意之事，不能忍耐一些，就發起無明火，造成惡業，卽生煩惱。癡心之人，不明道理，不知好歹，貢高自大，自生煩惱業。用戒定慧法。就可以克伏煩惱濁。「衆生濁」。因爲衆生，迷昧本性，在六道中生死輪迴，似車輪轉，終而復始，受其苦磨，不得安樂。用般若波羅蜜法。就可以克伏衆濁生。「命濁」。人生在世，一年四季，的冷暖，時時催人老死，生命靠不住，一口氣不能吸，生命就沒有了，命濁的危險。卽用體取無生法。可以克伏命濁。在此五濁之中，堅持這破解的法門，就是自在無碍。可是佛道久遠，若無逆境，亦不能發出勇猛精進的力量，來實驗自己的道心，若是道心堅固，不怕苦勞，卽能生出智慧辯才，上求佛法，下化衆生。你等應當常住三堅法。法身、慧命、法財。如是道心不退，於教奉行就是住。

如理實見分第五

須菩提。於意云何。可以身相見（音現）如來不。不也，世尊。不可以身相得見如來。何以故。如來所說身相，卽非身相。

佛言。須菩提，你的意思怎麼樣，這個色身相，可以現如來否。須菩提會意這個道理，是世尊，一個試問，答言不也，師父，不可能將這個色身，能作法身，色身如幻如化，是無常的，有生有滅，是什麼緣故呢。師父您，所說身相，卽是法身，法身無形實相，常住不遷，師父您，要點破著色相的凡夫，不能自覺，只見色身，不識法身，凡夫肉眼不能見得，卽非身相。

佛告須菩提，凡所有相，皆是虛妄，若見諸相非相，卽見如來。

佛曰。須菩提，不但如此，凡世間所有的形相，大如山河大地，小至微塵，皆是虛幻不實，凡夫執迷，執相迷眞，貪欲幻境，不識眞如自性是眞佛，自性包含太虛空，名曰，含藏識，自無始劫以來，所有經過善惡，一切藏在含藏性，法身千變萬化，天不能蓋，地不能載，陰陽不能害，法身若起一念惡，色身六賊盡搬弄，譬如虛空生閃電，風雨卽交加，有情無情皆遭怏，凡夫唯見色身，不見法身，須要離一切諸相，名爲無相，無不相。當體則法身，若識得這個道理，卽得見性，卽免。『身在海中休覓水，日行嶺上莫尋山。』吾人迷此妙明一心，而爲第八識，阿賴耶識，依此而有七識，爲生死之根，六識爲造業之本，十界聖凡，統皆不離此識，迷、悟有殊，染淨有別，不得解脫者，皆由七識生滅之心，引起六識分別貪愛心，先破前六識，分別之執。伏前七識生滅之機。卽轉八識心王，爲大圓鏡智，性至清淨，無微不覺。轉第七識，爲平等性智，心無病，事理圓融。轉第六識。爲妙觀察智，見非功，應機接物，頓時察明非功也。轉第五識。爲成所作智同圓鏡。眼耳鼻舌身，所做之事，如鏡照景，景過形消，沒有染著，若要轉識成智，須要迴光返照，常住觀察，定慧等持，勤修功德，身心清淨，卽見如來。

正信希有分第六

須菩提白佛言，世尊。頗有衆生，得聞如是言說章句，生實信不。

須菩提，聽佛說，若見諸相非相，即見如來。世尊。所說的，旣是眞空無相的妙理，恐怕後來凡夫不能信心。須菩提尊者，當機向佛請問。師父。有很多的衆生，聞說眞空妙義，難信之法，以後的凡夫，智慧微劣，信心不堅，聽此經句，能生實信否。

佛告，須菩提，莫作是說。如來滅後，後五百歲，有持戒修福者，於此章句，能生信心，以此爲實。當知是人，不於一佛二佛三四五佛，而種善根，已於無量千萬佛所種諸善根。

佛就說。須菩提，你不這樣說，雖然我說的法深妙，不但現在你們能信的，至於將來也是有信心的人，就是到我滅度已之後，後五百歲，有一個含意，佛法有三個的時期，正法一千年，像法一千年，末法一萬年，正法，佛住世，上五百年，依佛修行，解脫證果甚多。下五百年，禪定爲正宗。像法，離佛不久，發心修行，勇猛勤修雖多，證果却少。到末法時代，不但證果甚少，但是正信眞修的人，甚爲希有，有持戒，廣修福田的人，持戒有三種，（一）、律儀戒，行住坐臥，出入往返，嚴守身心，謂之律義戒。（二）、攝善戒，所有一切慈善事就要做的，不可分別。（三）、饒益有情戒，發心修行，爲法忘軀，欲拔衆生的苦惱，與衆生同樂，謂之饒益有情戒。聽此章句，自然能信爲實，就可以知道，這種的人，善根深厚，這個善根，不僅是，一二三四五佛，所種的善根，是已經過無量千萬佛，所種諸善根。是什麽，叫做諸善根，供養諸佛，隨順教法，恭敬善知識，孝敬父母、師父、大德、高僧、尊長，常行恭敬，不違其意，起慈悲心，憐憫貧苦，不生輕厭，隨力惠施，不加殺害，常行饒益，卽名種諸善根。若是有種諸善根的人，聞法卽悟。

聞是章句，乃至一念生淨信者，須菩提，如來悉知悉見，

是諸衆生，得如是無量福德。

久遠所種的善根，聞說大乘法語，如飲甘露，一聞千悟，心信不疑，一心精進，須菩提。如來我。以佛慧，佛眼。悉知悉見。這種的衆生，得到無量福德，世間法，所得福德是金、銀財寶，享受謂之安樂，人無千日好，若生病痛苦惱的時候，雖然有金銀財寶，亦不能作主，這是無常的福德，如眼前之花，是有限的。世尊說。得如是無量福德，就是出世間法的福德。何謂無量福德。信佛，聞法，守戒律，勤修定力，智慧，無生法忍，如法堅持，如人飲水，冷暖自知，即知這個出世法的，無量福德道理。

何以故是諸衆生，無復我相，人相，衆生相，壽者相，無法相，亦無非法相。

這是什麼緣故呢。這是此等衆生，不執著，有我人衆生壽者，四相皆不執著，識自心原，達佛深理，不貪愛欲世間的法相，亦不離世間的法相，佛法在世間。不離世間覺。離世覓菩提。恰如求兎角。破除我法二執，隨緣而進修。

何以故。是諸衆生，若心取相，卽爲著我人衆生壽者。若取法相即着我人衆生壽者。何以故。若取非法相，卽著我人衆生壽者。

何以故。這種衆生，若是心裡有所執取，厭東求西，仍然一個凡夫衆生，四相未除。若是執著經句，不識經義的妙用，依文背義，不能轉經，只執文字相，此種的人，亦是一個凡夫而已。這是什麼緣故。無假不成眞，外於相離相，內於空離空，若全著相，卽長邪見，若全執空，卽長無明，執空之人，有謗經義，直言不用文字，既云不用文字，人亦不合語言，只此語言，便是文字之相，又云直道不立文字，卽此不立兩字，亦是文字，見人所說，便卽謗他言著文字。須知自迷猶可，又謗佛經。經者徑也。只教汝去假歸實，執有執空，卽與凡夫衆生無異，亦是不離凡夫四相。

是故不應取法，不應取非法。以是義故，如來常說，汝等比丘，知我說法，如筏喩者，法尙應捨，何況非法。

應當汝們，要知這個取捨的道理，不可執取法相，亦不可離此法相，未悟則取，悟徹卽捨，應取卽取，應捨卽捨，皆不執著，則能悟入中道妙義。汝等常在茫茫苦海之中，受偏執，愛欲的波浪打擊。如來我說的法。譬如一編竹筏，丟下海中，使汝等，渡到彼岸就安樂，上岸之時，竹筏須要捨掉，就是無用，佛法尙且要放捨，何況世間一切的幻景，有什麼堅執呢，渡河需用筏，到岸不須船。

無得無說分第七

須菩提，於意云何。如來得阿耨多羅三藐三菩提耶。如來有所說法耶。

佛言。須菩提，你的意思怎麼樣。如來我。從外有所得無上正等正覺，的智慧否。如來我，有一定的實法可說否。

須菩提言，如我解佛所說義，無有定法。名阿耨多羅三藐三菩提，亦無有定法，如來可說。何以故。如來所說法，皆不可取，不可說，非法，非非法。所以者何。一切賢聖，皆以無為法，而有差別。

須菩提悟佛之意答言，如我解佛所說這個道理，師父您，所得無上正等正覺，是累功積德，自悟自修自證，不是從外所得來。沒有一定之法，名爲無上菩提。亦無有一定實法，如來可說。這是什麼緣故。如來所說之法，皆是無上正法，可以心悟，沒有色相可取，可以意會，語言不能形容。非法。對執空的人，說有法可修，有果可證，以方便法，破彼偏見，非非法，悟者卽知妙用，實行者，故知一切萬法，不離自性的變態。如來所說的法，皆是無住無著的妙理。爲化度衆生，去假歸實，歸實而後，實亦無名。這個緣故。一切賢人，半自利，半利他人。一切聖人，利益一切衆生，無始無終的大願行，心無住著，常住不遷，爲之無爲法。賢聖願力不同，悟有深淺，見解不同，卽有差別。

依法出生分第八

須菩提。於意云何。若人滿三千大千世界七寶以用布施，是人所得福德，寧爲多不。須菩提言，甚多世尊。何以故。

是福德，卽非福德性，是故如來說福德多。

佛叫須菩提，你的意思怎麼樣。若是有人，發大布施心，充滿三千大千世界的七寶，金、銀、眞珠、瑠璃、硨磲、珊瑚、琥珀等寶。布施他人，是這種的人，所得福德有多不多否。須菩提答言。當然是很多，師父。這是什麼緣故。就是因爲這種，有相的物質布施。卽是人天福報，有爲福德而已。但是凡夫的布施，只求福田，不能三輪體空，施空、受空、物空。雖然布施供養，福無邊，心中三惡元來造。自性若迷，福何可救，卽非自性淸淨的福德。所以師父您，以俗緣而說福德多。

若復有人，於此經中，受持乃至四句偈等，爲他人說，其福勝彼。何以故。須菩提。一切諸佛，及諸佛阿耨多羅三藐三菩提法，皆從此經出。須菩提，所謂佛法者，卽非佛法。

佛又說，設若有人，依此經中受持。（受），就是信受在心不忘。（持），則是堅持沒有間斷，卽能顯出金剛本性，甚至最少四句偈等，此經句句都是妙偈，爲他人解說此經偈義。須要謹愼，隨機啓理，不可依文背義。如維摩經說。（佛以一音演說法。衆生各各隨所解。）行者的受持各不相同，若是持守戒律之人，就加强戒律的精進。用功之人，他就斷除生滅心。（或有恐畏，或歡喜。）若識因果之人，故知一切萬法，不離因緣果報，他卽恐畏惡因，不敢再造，恐怕後來的惡報。若是大乘根之人，一聞大乘法，他就頓悟，自性本自具足，隨處安樂，知足就是歡喜。（或生厭離，或斷疑。）若是中乘之人，可是未了解到處是道場，他就厭離，娑婆卽是苦海。他所了解的，如來所說之法，絕不虛言。所以實信斷疑。信是功德母，持久自能徹悟此經的妙用，應機而說，以法印心，無爲法施，其福勝彼三千大千世界七寶布施。佛又說。爲怎麼。須菩提。就是過去佛，現在佛，未來佛，一切諸佛，成佛無上菩提法，皆從此經之法，所修而成佛。佛又言。須菩提，本來無佛法，各有般若之智，是先聖爲化度衆生，謂之佛法，若有執著心在，卽非佛法。

一相無相分第九

須菩提，於意云何。須陀洹能作是念，我得須陀洹果不。須菩提言，不也，世尊。何以故。須陀洹名為入流，而無所入，

佛叫須菩提，你的意思怎麼樣。發起道心，逆生死，卽入聖流，得預流果的時候，你的所思念，我得初果的念頭，有，沒有。須菩提言，無也，師父，這個是什麼緣故呢。須陀洹，是梵語譯，爲逆生死流，亦叫入流，又名預流，逆生死流者，就是離欲的流類，入流者，卽入聖流，聖流之類，聖佛，是憐愍慈悲衆生的痛苦，衆生感他的恩德，卽稱爲尊。預流者，名詞也，是預定而已，本在修證，亦無有定法可入。

不入色聲香味觸法，是名須陀洹。

不入者，就是離塵垢愛欲。凡夫執迷六入，不識六根，以六塵相，對待作用，貪著六欲境相，蓋覆眞如自性，不能自覺，眼根貪色相，耳根貪聲塵，鼻根貪香氣，舌根貪食味，身根貪觸慾，意根貪求妄想愛欲。聞佛開示，如夢中醒悟，卽轉識成智，根在塵，而不染塵，根塵互相應用，雖然未能頓悟眞空，亦能徹悟，離却其欲，不入色聲香味觸法。離此六種塵垢愛欲，是名預流果。

須菩提。於意云何。斯陀含能作是念，我得斯陀含果不。須菩提言，不也，世尊。何以故。斯陀含名一往來，而實無往來，是名斯陀含。

佛言，須菩提，你的意思怎麽樣，你得一來果的時候，你有所作念，我已得二果念頭，有，沒有。須菩提答言，不也。師父。這個是什麽緣故呢。斯陀含是梵語，譯爲一來果，名一往來。依事相而說，修到二果體之人，死從天上受福報，一來世間依法而修，卽叫一來果，雖然心無貪欲，但是見思二惑未斷，七情未忘，障碍道心，願力精進，努力用功，定力未堅固，前念著境卽煩惱，後念離境卽菩提，一生一滅，一來一往，心動卽往，心靜卽來，所以名叫一往來。自心卽無所攀緣，善惡境相，內外一如，而實無往來之相，是這個名詞而已，名斯陀含。

須菩提，於意云何。阿那含能作是念，我得阿那含果不。須菩提言，不也，世尊。何以故。阿那含，名爲不來，而實無不來，是故名阿那含。

佛叫，須菩提，你的意思怎麼樣。你得不還果的時候，你有所作念，我已得出欲界的念頭，有，沒有。須菩提會意答言，不也。師父。這個是什麼緣故呢。阿那含是梵語，譯爲不還果，亦名出欲，又叫不來。不還果者，就是道心不退，進入三果體，出欲者，離欲也，外不見欲境可染，內不見欲心可行。不來者。忘能所，心空無我，習定已深，不怕妄念起，只怕覺照遲，離諸法相心中洗，若悟無生頓法，而實無不來，是故名阿那含。

須菩提。於意云何。阿羅漢能作是念，我得阿羅漢道不。須菩提言，不也，世尊。何以故。實無有法，名阿羅漢。

佛叫，須菩提。你的意思怎麼樣。你得無生道的時候，你有所思念，我已得第四果的念頭・有，沒有。須菩提會意答言，不也。師父。這個是什麼緣故呢。阿羅漢，是梵語，譯為無生，亦云正定，亦名無學。無生者，無生滅心，就是如如不動，正定者，卽是定力堅固也，不是邪定，若是邪定之人，身雖不動，心在外境遠遊。無學者，無事做，住虛空地，阿羅漢，不言果。與道隔一條界線，將近覺道，心境俱空，四相破盡，煩惱永斷，貪嗔痴絕，內外常寂。佛說，八萬四千法門。依法而修，卽可以入道，實無有一定之法，名阿羅漢。

世尊。若阿羅漢作是念，我得阿羅漢道，卽為著我人衆生壽者。世尊。佛說我得無諍三昧，人中最為第一，是第一

離欲阿羅漢。

師父。我須菩提，若有離欲的念頭，卽有對待心，有垢汚可離，有清淨可求，卽有取有捨，我得阿羅漢道的念頭，卽是我生一妄念，仍然四相未破，亦是一個凡夫衆生。世尊。讚說我須菩提，修得無諍法，修的不錯，與一切人，無諍論是非，無爭競心，不惱一衆生，無生法忍初成。師父，讚歎須菩提，人中最爲第一，是第一離欲阿羅漢。佛，爲什麼，讚歎須菩提第一呢。含有三種讚詞。無諍第一、解空第一、離欲第一。無諍法的道理。不是一般普通修養者，所能作得到。六祖大師。說偈敎化衆弟子。（若言下相應，卽共論佛義。）若在談論中，有機緣，有契合，卽同參道理。（若實不相應，合掌令歡喜。）修行者，亦有發心願力修證，實證是爲根本。亦有空談名詞，如人說食卽不飽，自錯猶可，更勸他人，自然見解不同，話不投機，則是不相應，合掌表是敬意，使他歡喜，不生惱恨。（此宗本無諍，諍卽失道意。）佛法是正宗，慈悲爲本，方便爲門，言行一致，不在口諍，諍是勝負之心，就失去威儀。（執逆諍法門，自性入生死。）執諍法門，就是不識法意，法門普彼三根，悟解不同，見有遲疾，人心自有等差，固執諍論，自性常在生死中，不能解脫。只有須菩提尊者，依無諍法，特別加功修養，卽稱無諍第一。何謂解空。佛陀引事相，問須菩提。卽顯實相對答，實相卽是空義，世尊一問一答，對答如流，卽稱解空第一。離欲阿羅漢，尙有微細結習，厭畏世間。須菩提，沒有習氣，斷除乾淨，卽稱第一離欲阿羅漢。

世尊。我不作是念，我是離欲阿羅漢，世尊。我若作是念，我得阿羅漢道，世尊則不說，須菩提是樂阿蘭那行者，以須菩提實無所行，而名須菩提，是樂阿蘭那行。

師父。我沒有存着離欲的念頭，不思前境，不於境上生心，我若起一妄念，我得阿羅漢道的念頭。師父。則不能虛言讚說，我須菩提是樂阿蘭那行者，阿蘭那，是梵語，譯爲寂靜。以須菩提，守自本份，實沒有利益一般的衆生，所以師父，稱我須菩提，是好寂靜的行者。

莊嚴淨土分第十

佛告須菩提，於意云何。如來昔在然燈佛所，於法有所得不不也，世尊。如來在然燈佛所，於法實無所得。須菩提。於意云何。菩薩莊嚴佛土不。不也，世尊何以故。莊嚴佛土者，即非莊嚴，是名莊嚴。

佛曰，須菩提。於你的意思怎麼樣。如來我，從前在本師然燈佛所。學法之時，於然燈佛的指導，有法可得否。須菩提會意答言，不也。師父您。昔在然燈佛所，受然燈佛的教導。師父您。是依法自悟，依法而修，依法而證，於依法而已，實無所得。佛又言，須菩提。你的意思怎麼樣。菩薩在因地修行的時候，有莊嚴佛土否。須菩提答言，不也。世尊。這個什麼緣故。菩薩的莊嚴，卽非外貌，黃金七寶，有形相的莊嚴，是以戒定慧，淸淨身心的莊嚴，名爲莊嚴而已。佛法如大海，悟解不同，須菩提尊者，聽佛問，菩薩莊嚴佛土，須菩提就知道，唯心淨土，舍利弗，聞佛說，若菩薩心淨則佛土淨。舍利弗，就起了懷疑心，假如菩薩心淨則佛土淨者，我世尊，本爲菩薩時，意豈不淨耶，而是佛土不淨若此，爲什麼現在已成佛，這個娑婆世界，垢穢不堪這樣子。（佛知其念，卽告之言。於意云何。日月豈不淨耶。而盲者不見。對日，不也。世尊。是盲者過，非日月咎。舍利弗，衆生罪故，不見如來嚴淨，非如來咎。）佛陀知道，舍利弗的疑念，佛就對他說，舍利弗，你的意思怎麼樣。是日月沒有清淨，卽使瞎眼睛的人，不能見到日月的光明，這是日月過咎，亦是瞎眼睛的人過咎。舍利弗，覺得今日世尊，問這題目太淺了，便回答言，不也。師父。這是瞎眼睛的人，只怪自己眼睛壞了，卽不能見到日月的光明，非是日月沒有平等的過咎。佛又言，舍利弗。衆生罪業所致，如盲人一樣，不能見到如來淸淨佛土，卽非如來，佛土垢穢。

是故須菩提。諸菩薩摩訶薩，應如是生清淨心。不應住色生心，不應住聲香味觸法生心。應無所住而生其心。須菩提。譬如有人，身如須彌山王，於意云何。是身為大不。須菩提言甚大，世尊。何以故。佛說非身，是名大身。

佛又叮嚀，須菩提、諸菩薩、摩訶薩，你等應當常生清淨心。不應着在色相生心，不應着在聲香味觸法生心。六根清淨，六塵不能染著，使六識出六門，地獄空也。應無所住。不住西方，不住東土，不住天堂，不住地獄，一切無所住。即能生其佛心。弘忍大師。開示六祖，為說金剛經，至應無所住而生其心。惠能言下大悟。一切萬法不離自性。遂啓祖言，何期自性本自清淨。何期自性本不生滅。何期自性本自具足。何期自性本無動搖。何期自性能生萬法。應無所住，即是究竟解脫。佛叫，須菩提，譬如有人身如須彌山王。你的意思怎麼樣。這個色身爲大不大否。須菩提會意。須彌山，是梵語，華語叫妙高山，這個山，是金、銀、琉璃、水晶四寶所成，又高又濶，爲衆山之王。須菩提答言，甚大。師父。何以故。因爲此身雖大，有形相的，卽有生滅，不能叫做大身。師父您所說的，就是法身，周藏法界，遍滿十方，須彌山雖然是大，豈所能比量，這淸淨法身，是名大身。

無爲福勝分第十一

須菩提。如恆河中所有沙數，如是沙等恆河，於意云何。是諸恆河沙，寧爲多不。須菩提言，甚多，世尊。但諸恆河，尚多無數，何況其沙。

佛言，須菩提。如恒河中，所有沙數之多，一粒沙比喻等於一條恒河。你的意思怎麼樣。所有諸恒河中的沙，多不多否。須菩提會意，這條恒河，是梵語。譯華語，名殑伽河，是大藏西域，有一香山，香山南，八百里總是大雪。有四道河。東南河，名叫殑伽河，此沙是阿耨達池流出，濶四十里，迴流四千里，沙細如麵。西南河。名叫縛趨河。西北河，名叫涉多河。東北河，流入大海，名叫天堂見，亦云殑伽。須菩提答言，甚多。世尊。但一沙各爲一河，河尙多無數，何況河中其沙。

須菩提。我今實言告汝，若有善男子，善女人，以七寶滿爾所恆河沙數，三千大千世界，以用布施，得福多不。須菩提言甚多，世尊。佛告須菩提，若善男子，善女人，於此經中，乃至受持四句偈等，爲他人說而此福德，勝前福德。

佛又言，須菩提。我今實言告訴你，若有善男子，善女人，以用七寶充滿恆河沙數，那麽多的，三千大千世界，來布施他人，得福多否。須菩提會意答言，師父。這大布施，自然得福德甚多。佛，告訴須菩提，倘若有信心的善男子善女人，能於此經中，乃至最少，受持四句偈等，的道理爲他人說，功德無量。因財寶布施，不論有智慧，無智慧之人，都能布施他人的資格，因受財施之人，不論有智無智，都可以接受。以法布施之人，必是大智慧之人，才能擔任法施。受法施的人，必須要有信心，亦要有智慧，卽能悟解領受佛法。維摩經所說。（法寶普照。如雨甘露。於衆言音。微妙第一。）若有機緣，要說此經中的道理，就是法寶普照，普被三根，上中下根的人，使一般苦惱的衆生，能得安樂，可比枯渴的樹木，忽然天降大雨，如甘露水一樣。說法音聲，須要美妙，在近聽者，如雷一樣，在遠聞的，清徹雅音，使人入心敬愛，聞而了解，發微妙道心，使他善本深厚，這樣的說法，而此福德，勝以七寶布施的福德，更多多矣。

尊重正教分第十二

復次，須菩提。隨說是經，乃至四句偈等，當知此處，一切世間天人阿修羅，皆應供養，如佛塔廟。

佛言，須菩提。若遇機緣，不選處所，隨便演說此經中的道理，乃至四句偈等，應機而說，須要謹慎，不可大意，不能契機，甘露亦變成毒藥。如富樓那。在一樹下，爲諸新學比丘說法。被維摩詰大士呵斥他，不識時機。（唯，富樓那，先當入定，觀此人心，然後說法，無以穢食置於寶器。當知是比丘心之所念，無以琉璃同彼水晶，汝不能知衆生根源，無得發起以小乘法，彼自無瘡，勿傷之也。欲行大道，莫示小徑，無以大海內於牛跡，無以日光等彼螢火。富樓那。此比丘，久發大乘心，中忘此意，如何以小乘法而教導之。）唯，富樓那，汝所說法，是不對題。汝應當先觀此人心，根器大小，然後說法，小法投大心，譬喻好像把穢食放入寶器中，卽是不相稱的，你應當知道，此比丘心之所要求，無以琉璃視同水珠。你不能知衆生根源。你說此小乘法。他們也難得信入，你就好好的說大乘教義，教化他們卽對，使他們發起大乘願力，卽免傷他法身慧命，他們欲行大道，你却指示他們的小路徑，他們的心量如大海。你將牛脚跡水，要裝入大海，你的眼光太淺啊。此比丘的智慧，如日光的光明。你視他如螢火。富樓那。這班比丘，久已種下大乘菩薩道心。不過在輪迴生死途中，忘失此意。如何以小乘法而教導之，以小法投大心，是不能相契。富樓那。受維摩大士，這種教訓，使後來之人，要說經義，須要小心，不可輕視初學。佛叫須菩提。若有人演講此經，乃至四句偈等。使諸聽衆，消除妄念，道心堅固，你要知道，此卷眞經，就在此處。就可以感動，一切世間的人，及天道的菩薩，及其阿修羅道、阿修羅道。有天人之福，沒有天人之德。因爲他嗔恚難除，好戰鬪在，非天非人的神鬼之類。及其天龍，八部天將。亦來守護佛法。香花茶果，皆應供養，如佛在塔廟，一樣的敬仰。

何況有人，盡能受持讀誦。須菩提。當知是人，成就最上

第一希有之法。若是經典所在之處，則爲有佛，若尊重弟子。

須菩提。說此經中偈義。就感動一般的恭敬供養。何況有人盡能全部受持。受就是信心，納受在心。持卽保持不能忘記。讀是依文而讀。誦就是口熟其文，心卽悟解其義。佛言，須菩提。可知這種之人，有此願力，成功最上第一希有之法。更無別法，能加其上。若是有此卷經典，所在之處。如佛在此，卽是三寶同聚一樣，可尊，可貴，你等須要尊重。

如法受持分第十三

爾時，須菩提白佛言，世尊。當何名此經。我等云何奉持。

佛告須菩提，是經名爲金剛般若波羅蜜，以是名字，汝當

奉持。所以者何。須菩提。佛說般若波羅蜜，卽非般若波羅蜜，是名般若波羅蜜。

須菩提。聞佛所說此經的尊重，及其微妙，亦應流傳將來，須要請一個經名，不可沒有經名的。須菩提。想到這樣時候，就向佛請問。世尊您。應當將此經，要叫什麽名字，我等云何受持奉行此經。佛就告訴，須菩提。此卷經名，金剛般若波羅蜜。金剛二字，含有三義。（一）、比喻自性，堅固不變，永劫不壞，一塵不染。（二）、光明，能破無明障，不入邪道，能利益一切，有情衆生，常覺不迷。（三）、利，能斷除一切惡法，則能成就慈善功德。般若。是梵語，譯華語，智慧。智慧，上至諸佛，下至一切有情性的皆有之。智如日，慧如月。普門品單用，慧字。慧日破諸暗，凡夫有智，沒有慧力。所以不能智慧並行。卽是凡夫。諸佛菩薩，智慧並行，發起智日强光，辯才無礙，說服一切剛强有智之人，起慈悲慧月，用溫暖心，感化一切衆生，使一切衆生惺悟，離苦得樂。般若無形相，智慧心卽是，一切般若智，皆從自性而生，不從外入，莫錯用意，波羅蜜。是梵語，華言到彼岸。使你等卽得見性，離諸境相，無生滅心，自用智慧，打破煩惱塵勞，度到究竟安樂的彼岸。用此名字，你們應該依法奉行。所以者何。佛又言，須菩提。佛說金剛般若波羅蜜、最尊、最上最第一，無住無往亦無來。三世諸佛從中出。一念愚，卽般若絕，卽非般若波羅蜜，是名般若波羅蜜而已。

須菩提。於意云何。如來有所說法不。須菩提白佛言，世尊。如來無所說。須菩提。於意云何。三千大千世界，所有微塵，是爲多不。須菩提言，甚多。世尊須菩提，諸微塵，如來說非微塵，是名微塵。如來說世界，非世界，是名世界。

佛叫須菩提。你的意思怎麼樣。如來我，有一定之法可說否。須菩提會意，就向佛答言，師父您。所說的法，對機而說，如標示徑，醫病之方，使人自悟自修。如來沒有一定之法可說。佛又言，須菩提。你的意思怎麼樣。三千大千世界，所有的微塵，是爲多不多否。須菩提，會佛之意，就答言，當然甚多，師父。對不對啊。佛又言，須菩提。諸微塵，如來說非微塵，是假名微塵。如來說世界，亦非實有的世界，是假設名世界。微塵比喻妄念，世界比喻法身。現在所說，是開權。第三十分。就顯出實相，卽能明現。

須菩提。於意云何。可以三十二相見如來不。不也。世尊。不可以三十二相得見如來。何以故。如來說三十二相，卽是非相，是名三十二相。

佛叫須菩提。你的意思怎麼樣。可以三十二相，見如來眞相否。須菩提會意，故言不也，師父。不可能以三十二相，得見如來的眞相。這是什麼緣故呢。如來說三十二相，乃是法身，妙莊嚴相，常住不滅，卽是非相之妙相。如來累劫精修，故有果報，現有三十二相的應身相，此應身三十二相，肉眼就能見，亦是希有之相。三十二相名稱如下。（一）足安平相。（二）千輻輪相。（三）手指纖長相。（四）手足柔輭相。（五）手足縵網相。（六）足跟滿足相。（七）足趺高好相。（八）腨如鹿王相。（九）手過膝相。（十）馬陰藏相。（十一）身縱廣相。（十二）毛孔青色相。（十三）身毛上靡相。（十四）身金色相。（十五）常光一丈相。（十六）皮膚細滑相。（十七）七處平滿相。（十八）。兩腋滿相。（十九）身如獅子相。（二十）身端直相。（二十一）肩圓滿相。（二十二）四十齒相。（二十三）齒白齊密相。（二十四）四牙白淨相。（二十五）頰車如獅子相。（二十六）咽中津液得上味相。（二十七）廣長舌相。（二十八）梵音深遠相。（二十九）眼色如紺青相。（三十）眼睫如牛王相。（三十一）眉間白毫相。（三十二）頂成肉髻相。此應身相，有生卽有滅，是無常的幻相，是名三十二相而已。

須菩提若有善男子善女人，以恆河沙等，身命布施。若復有人，於此經中，乃至受持四句偈等，爲他人說，其福甚多。

佛又言，須菩提。若有善男子，善女人，如同恒河沙數那麼多的，一粒沙當作一條生命，捨自己的身命，投岩付火，割肉布施救人，福德雖多。若復有人，於此經中，最少受持四句偈等，演說給他人聽。云何爲人演說。須要針對這個宗旨。如維摩經說。（演法無畏，猶獅子吼，其所講說，乃如雷震。）若有機緣，解此經義，精通佛法的道理，辯才無碍，毫無畏懼，由自性中流出妙理，無人我心的說法。如獅子吼一樣，驚走迷妄的邪念。使聽衆只有一心聞法，其所講說的道理，使人入心敬順，沒有疑心。演說的聲音，如法雷響震。使一般聽衆，發出道苗，自心淸淨，深入智德。如此演說，其福甚多。

離相寂滅分第十四

爾時，須菩提，聞說是經，深解義趣，涕淚悲泣，而白佛言，希有世尊。佛說如是甚深經典，我從昔來，所得慧眼，未曾得聞如是之經。世尊。若復有人，得聞是經，信心清淨，則生實相，當知是人，成就第一希有功德。

這個時候，須菩提，聽了世尊，說出如此，深奧的妙理，深深徹悟了解，其義妙趣。這有包含，三種的義趣。第一、聞說是經，卽爲文字般若。第二、深解義趣，卽由觀照般若。第三、諸法皆空，則能深達實相般若。須菩提豁然，故知一切萬法，不離自性，說卽雖萬般，合理還歸一。卽流下感激的眼深，此是樂極而流的眼淚，非是苦痛的悲泣。而向佛讚歎曰，確是極難得，希有的世尊。佛說是第一義諦，甚深之經典，眞是妙用。我從出家到如今，雖是證阿羅漢果，所得慧眼，一聞千悟，所聞的經典雖多，可是未曾得聞此經之微妙。

世尊。設若將來，有人得聞此經，發一念實信之心，其心純正，身心淸淨毫無欲塵，幻影除盡，人法兩忘，識自本心，見自本性。能善分別諸法相，於第一義而不動。一眞一切眞，萬境自如如，如如之心，卽是眞實，則生實相。當知是人，後來的成就，定爲第一希有之功德。

世尊。是實相者，則是非相，是故如來說名實相。世尊。我今得聞如是經典，信解受持，不足爲難。若當來世，後五百歲，其有衆生，得聞是經，信解受持，是人則爲第一希有。何以故。此人無我相，無人相，無衆生相，無壽者相。所以者何。我相卽是非相，人相，衆生相，壽者相，卽是非相。何以故。離一切諸相，則名諸佛。

須菩提又言，世尊。是實相者，卽是非相，卽是眞如自性，無相可爲體，非是幻化色身之相也。大道無名，强名曰道，是故如來說名實相，世尊。我今得聞此經，自能信實，能解妙義，信受奉持，亦非難事。若當來世，末法時代的五百年後，離開世尊，久遠的衆生，衆生根有利鈍，信心自有等差。得聞是經，此法門是最上乘，爲大智人說，爲上根人說。小根小智人聞，心生不信，因何聞法不自開悟，緣邪見障重，煩惱根深，修行覓佛。若大乘人，若最上乘人，聞說金剛經，心開悟解，信解其義，聞、思、修，三無漏學，信受久持，專心一意，卽是此人，爲第一希有。這是什麼緣故。因爲此人，頓悟眞空，無我相，人非無我，離假我，卽成就大我。此人，無人相，卽有平等性智，卽能冤親平等。此人，無衆生知，慧燈常明，無貪嗔癡心。此人，無壽相，覺悟自性，萬劫不滅。所以者何。我相則是非相，人相衆生相壽者相，此四相，皆因妄執分別，自性中，本無此四相，則說非相。這是什麼緣故。離此四相，我執卽除，法執掃空，離一切諸相，卽成就一切種智，無障無碍，得名諸佛。

佛告須菩提。如是如是。若復有人，得聞是經，不驚不怖不畏，當知是人，甚爲希有。何以故。須菩提。如來說第一波羅蜜，卽非第一波羅蜜，是名第一波羅蜜。須菩提，忍辱波羅蜜，如來說非忍辱波羅蜜，是名忍辱波羅蜜。

佛告之曰，須菩提如你所說，深合佛理，沒有錯誤。設若將來，亦再有人，得聞此經，卽無疑心，無恐懼人，無退畏心。當知這種之人，惟有大乘心，發大願力，善根深厚，卽能歡喜受持，如此之人，甚爲希有。這是什麼緣故呢。如來我，說第一波羅蜜，使你等，頓悟菩提，自見本性，直到彼岸。可是彼岸，無相的淨土，若到彼岸之時，豈果有彼岸可執著否，是特名之，爲第一波羅蜜而已。佛又說，須菩提，忍辱波羅蜜，就是一切善德的根原，忍辱能生無上智慧，忍辱雖然難行，若做不够，妄想不能滅，一切功行盡破矣。若遇到逆境，欺侮毁謗誣害之時。務宜心靜領會，不能嗔恚，卽免結冤。讓則尊卑和睦。忍則衆惡無喧。若能鑽木取火。淤泥定生紅蓮。內不見其忍，外不見其辱，內外兩忘。所以如來說，非忍辱波羅蜜，表名爲忍辱波羅蜜。

何以故。須菩提，如我昔爲歌利王，割截身體。我於爾時，無我相，無人相，無衆生相，無壽者相。何以故。我於往昔節節支解時，若有我相，人相，衆生相，壽者相，應生嗔恨。須菩提。又念過去於五百世，作忍辱仙人，於爾所世，無我相，無人相，無衆生相，無壽者相。是故須菩提。菩薩應離一切相，發阿耨多羅三藐三菩提心。不應住色生心，不應住聲香味觸法生心。應生無所住心，若心有住，則爲非住。是故佛說菩薩心，不應住色布施，須菩提，菩薩爲利益一切衆生故，應如是布施。

這是什麽緣故。須菩提。如我前生，被歌利王。歌利王，是梵語，譯華言，爲極惡之君，分割我身體的時，我心如虛空，不起動念，不起四相。這是什麽緣故。就是因爲當初，對我節節分尸的時候，可說忍到極點矣，我若不離四相，定起怨恨之心，就不能忘恨，必成苦果。須菩提。我又想起了過去，前五百世，作忍辱仙人之時，會修忍辱行，由於歷劫，頓悟眞空，就無四相之果。可知修行者，非一朝一夕，卽可能成就，亦可知，忍辱波羅蜜，實爲修行者，之先務所急，首先要破其嗔恚心，方離四相，四相皆空，得成忍辱行。是這樣的，須菩提。菩薩欲成佛道，當空其心，應該離去一切形迹相，方能發無上道心，不應着住於色的念頭，不應著住於聲香味觸法生心。在六塵中，若有一念執著貪愛，卽蓋覆自性，雖有種種苦修，便不能解脫，應生無所住心，則不受繫縛。雖然心裏已有預定之事，可是亦不可爲決定而自縛也。何以故。是有時間在變化故也。而能隨緣，恒順衆生，於衆生同樂，教化有方，是菩薩的住處，故曰非住，就是這樣的，所以佛說菩薩心。不應執著，有色相的布施而已，而且須要法施，開導他究竟的解脫卽對。須菩提。菩薩發心廣大，非僅爲己，是爲有益一切衆生故，應該財施、法施、無畏施，常常無住相的布施，施恩不望報，就是菩薩之願行也。

如來說一切諸相，卽是非相。又說一切衆生，卽非衆生。須菩提。如來是眞語者，實語者，如語者，不誑語者，不異語者。須菩提。如來所得法，此法無實無虛。須菩提。若菩薩心，住於法而行布施，如人入暗，卽無所見。若菩薩心，不住法而行布施，如人有目，日光明照，見種種色。須菩提。當來之世，若有善男子，善女人，能於此經，受持讀誦，則為如來，以佛智慧，悉知是人，悉見是人，皆得成就無量無邊功德。

如來說一切諸有相，皆是幻化不實之相。又說一切衆生，衆生皆有佛性，自性若迷，心行邪險，名爲衆生。自性若悟，衆生是佛，一念平直，衆生成佛，卽非衆生。須菩提。如來我，所說般若波羅蜜法，就是無上法門，是眞而不妄語者，是實而不虛言者，是如而永不變故也，確不欺誑者，沒有二說之語也。佛又說。須菩提。若如來有法所得，此法是無實，勤修自證是無虛。須菩提。若菩薩心，著於法相，但勞勞執法行持，以爲功課者，無有是處，如人入冥冥之中，卽無所見。若菩薩心，不執住法，而行慈悲喜捨，如人有目，如日光的明照，遍照種種色相。須菩提。將來末法之世，若有善男子，善女人，能於此金剛般若波羅蜜，受持讀誦，能依法而修，依敎奉行，則爲如來，以佛眼佛慧，悉知是這，持經之人，悉見福慧雙修之人，皆得成就，無量無邊際的功德。

持經功德分第十五

須菩提，若有善男子，善女人，初日分，以恆河沙等身布施。中日分，復以恆河沙等身布施。後日分，亦以恆河沙等身布施，如是無量百千萬億劫，以身布施。若復有人，聞此經典，信心逆不，其福勝彼。何況書寫受持讀誦，爲人解說。須菩提，以要言之，是經有不可思議，不可稱量，無邊功德。如來爲發大乘者說，爲發最上乘者說。

佛叫須菩提。若有善男子，善女人，於一日之間，早晨。正午。至晚間。每日以等恆河沙數，那麼多的身命布施。發憐愍心的善根，代替他人勞務，捨自己的身命，救他人短短的安樂，亦不能使他究竟安樂，自己所得福德，雖然是多，亦不能解脫。如是經過無量百千萬億劫之久，皆是如此的布施。若復有人，聞此經典，信心不疑，信是功德母，入三摩地。聞、思、修，三無漏學。而此福德，勝彼捨身命之福多多矣。而且手書，受持口誦，持久自能徹悟經意，爲人解說，福慧雙修，利益無窮。佛又說，須菩提。簡要言之，是經的微妙，心思不能到，口不能形容稱量，實沒有邊際的功德。如來我，爲啓發大乘心人，說眞空妙有的道理。爲最上乘者，說圓頓教義。何謂大乘者。智慧廣大，善能建立一切法。何謂最上乘者。不見垢法可厭，不見淨法可求，不見涅槃可證，無衆生可度，而化衆生歸於淨土。爲什麼。世尊直示此經，爲發大乘者說，爲發最上乘者說呢。並不是佛不肯和小根智者說，可是他的願力不够，執著心在，所以不能接受，六祖大師的弟子，智常，請問六祖大師。佛說三乘法，又言最上乘。弟子未解，願爲教授。大師言。汝觀自本心，莫著外法相，法無四乘，人心自有等差。見聞轉誦是小乘。悟法解義是中乘。依法修行是大乘。萬法盡通，萬法具備，一切不染，離諸法相，一無所得，名最上乘。大師亦是如此開示，若識因地，就知果地。這卷金剛經，上根智大願力，即能信受奉行。

若有人能受持讀誦，廣爲人說。如來悉知是人，悉見是人，皆得成就不可量，不可稱，無有邊，不可思議功德。如是人等，則爲荷擔如來阿耨多羅三藐三菩提。

佛又說。若有大善根之人，善根純熟，專心一意，能受持讀誦此經，廣佈宏揚傳說般若經義。使人悟解實行。如來我，以佛智慧，皆知這種的人。如來我，以佛眼能見此種的人，皆得成就心思不能測量，口不能稱說，無邊際的，不可思議功德。功德福德有別。六祖大師所開示。造寺，度僧，布施，設齋。名爲求福。不可將福，便爲功德。功德在法身中。見性是功，平等是德。內心謙下是功，外行於禮是德。自性建立萬法是功，心體離念是德。不離自性是功，應用無染是德。念念無間是功，心行平直是德。自修性是功，自修身是德。

若是有這樣的，大功德之人，就可以擔任，如來無上菩提正法。可是須要知道其本條件，卽不被染汚。譬喻，香衆菩薩，問維摩詰居士，菩薩在娑婆世界，廣度衆生，須要成就多小條件，才不致損壞法身慧命呢。維摩詰居士說。菩薩成就八法，於此世界行無瘡疣，生於淨土。何等爲八。饒益衆生而不望報。代一切衆生受諸苦惱。所作功德盡以施之。等心衆生謙下無礙。於諸菩薩視之如佛。所未聞經聞之不疑。不與聲聞而相違背。不嫉彼供，不高己利，而於其中調伏其心。常省己過，不訟彼短，恒以一心求諸功德。是爲八法。我們須要堅持，依此八法，日常行持做得到，眞是荷擔如來的重任。

何以故。須菩提。若樂小法者。著我見，人見，衆生見，壽者見。卽於此經不能聽受讀誦。爲人解說。須菩提。在在處處，若有此經，一切世間天人阿修羅，所應供養。當知此處，則

爲是塔，皆應供敬，作禮圍遶，以諸華香而散其處。

這個緣故。須菩提。就是喜好小法的人，著於見聞之小法，得小爲自足，自利倘不能，何能利他人。不免有我人等的私見。不能除却，名、利、權。所以對此大乘法，最上乘法，的講義，便起驚怖畏懼的心。那裏還能聽受讀誦，不能受持讀誦此經，卽不能爲人解說。佛又說，須菩提。不論在什麼地方，演說此經，能使聽衆，心開悟解。卽感動一切天、人、阿修羅道，及其天龍八部神將，俱來供養，護衛法身。當知此處，則爲一座舍利寶塔，能使遠近皆來敬仰頂禮，圍遶散布寶花妙香，而散其處。當知此經的尊貴，須要恭敬，讀誦、受持、演說，愼勿放逸。

能淨業障分第十六

復次，須菩提。善男子，善女人，受持讀誦此經，若爲人

輕賤，是人先世罪業，應墮惡道。以今世人輕賤故，先世罪業，則爲消滅，當得阿耨多羅三藐三菩提。

佛接續又叫須菩提。倘若有善男子，善女人，受持讀誦此卷金剛般若波羅蜜經，而受人譏罵、毀謗，或輕賤，是這人，過去世，所造的罪，是作五逆罪，殺父、殺母、殺阿羅漢，出佛身血，破和合僧，所造的業，十不善道，身三業，殺生、偷盜、邪淫，口四業。惡口、兩舌、妄語、不義語。意三業，貪嫉、嗔恚、愚痴，剎那造虛妄的業因，卽受虛妄的苦報，應該墮三惡道，地獄、餓鬼、畜生，業障，障自本性，隨業遷流，所以今世受人輕視。今世受持金剛般若波羅蜜經，悟解經義，忍辱，無相，無住，依法而修，普敬一切，除了憤高，我慢心。讓則尊卑和睦，忍則衆惡無喧。卽知忍辱波羅蜜的妙用。起三堅法，明法身，生妙智慧，法施，愛語，利生，無相中之相，卽是實相。於六和敬，起質直心。事和，理和。事和，身和同住，口和無諍，意和同悅，利和同均，戒和同修，見和同解。這是事和的同樂，理和同證，無爲眞空寂滅解脫，卽是無住常住。如此受持，則爲可以消滅前世所造的罪業。今世受持讀誦此經，所得無量功德，從身口意所修爲的。業消福生，當然會得無上正等正覺。

須菩提。我念過去無量阿僧祇刧，於然燈佛前，得値八百四千萬億那由他諸佛，悉皆供養承事，無空過者。若復有人，於後末世，能受持讀誦此經，所得功德，於我所供養諸佛功德，百分不及一，千萬億分，乃至算數譬喩所不能及。

佛又叫須菩提。我思過去，無量刧前，未遇然燈佛以前，行菩薩道之時，依託諸佛，悉皆供養無量數佛，而且佛佛的敬仰，無一不專心，不空過，爲求佛道。倘是後人，末法之世，有人能悟此經。受持讀誦，卽得見性，所得功德，勝我所供養諸佛的功德，還勝過億萬倍。供養諸佛，及供養其他一切的功德，雖然是多，這是事相上的，有所作爲的功德，還不及持經無漏智慧的功德，譬喻所以不能及。

須菩提。若善男子，善女人，於後末世，有受持讀誦此經，所得功德，我若具說者，或有人聞，心卽狂亂，狐疑不信。須菩提。當知是經義不可思議，果報亦不可思議。

佛又言，須菩提。若有善男子，善女人，於後末法時代，在五濁惡世，劫濁、見濁、煩惱濁、衆生濁、命濁中。能於難信之法，有人受持讀誦，金剛般若波羅蜜經。所得功德，如來我僅約略而言，我若詳說者，其多勝恒河沙，或未開般若者，只誦文字經句，不識經義，將來亦有功德，迷人難信，心卽狂亂，狐疑而思，那有這樣的簡單，所以不能信受。佛又說，須菩提。當知此經的道理甚深很微妙，思量不能猜測，果報亦沒有限量的，不可思議的。

究竟無我分第十七

爾時，須菩提白佛言世尊。善男子，善女人，發阿耨多羅三藐三菩提心，云何應住。云何降伏其心。佛告須菩提，善男子，善女人，發阿耨多羅三藐三菩提心者，當生如是心，我應滅度一切衆生，滅度一切衆生已，而無有一衆生，實滅度者。何以故。須菩提。若菩薩有我相，人相，衆生相，壽者相，即非菩薩。所以者何。須菩提。實無有法，發阿耨多羅三藐三菩提心者。

這時，須菩提，向佛復請問曰，世尊。若善男子，善女人，發無上正等正覺心的時，如何究竟常住菩提心，以何法，卽能降伏其妄念心。佛答須菩提，若有善男子善女人，發無上淸淨心之時，應該當生如是心，心淨而無欲，心正而無邪，若是修行者，自性衆生度盡卽證菩提，自性地獄未空，不能成佛，自性若是成佛，自心衆生盡解脫。如來我，應該代替他們，滅度煩惱、妄想、貪嗔、嫉妒、誑妄、邪迷、不善，如是等心，皆是衆生心。滅度一切衆生已，可是沒有一個衆生，受如來所度者。衆生聞法，自悟自度，邪來正度，迷來悟度，愚來智度，惡來善度，如是等度，名爲眞度。這是什麼緣故。須菩提。若菩薩，有我相、人相、衆生相、壽者相，似此四相，若不除盡，何能稱爲菩薩。爲什麼。菩提本自性，起心卽是妄，淨心在妄中，但正無三障，迷悟有殊，實無有一法，能敎人發菩提心。

須菩提。於意云何。如來於然燈佛所，有法得阿耨多羅三藐三菩提不。不也，世尊。如我解佛所說義，佛於然燈佛

所，無有法，得阿耨多羅三藐三菩提。佛言，如是如是。須菩提，實無有法，如來得阿耨多羅三藐三菩提。須菩提，若有法，如來得阿耨多羅三藐三菩提者，然燈佛，卽不與我授記，汝於來世，當得作佛，號釋迦牟尼。以實無有法，得阿耨多羅三藐三菩提，是故，然燈佛與我授記，作是言，汝於來世，當得作佛，號釋迦牟尼。何以故。如來者，卽諸法如義。

須菩提，你的意思怎麼樣，如來我，住於然燈佛所之時，有法得此無上菩提否。須菩提會意答言，不也世尊。如我解佛所說的道理，世尊前生，住然燈佛所，修行的時，於然燈佛，所說之法，自悟自修，並沒有什麼方法，得這無上菩提。佛言是是，答得合理。須菩提，實無有法，如來可得無上菩提之法，須菩提，若謂有法，可得者，然燈佛，就應該傳授我，成佛之法卽對，又何必懸記，來世卽能作佛，號釋迦牟尼，實沒有什麽方法，可得無上菩提。是這樣的。然燈佛，才與我授記，並預定來世，成佛的名號，稱爲釋迦牟尼。釋迦是梵語，譯華語，爲能仁。牟尼，是梵語，譯華言，是寂默。這是什麽緣故。如來者，如其本來，本性湛然，本自具足，永不變故，不染不着，無所不通，無所不徹，一切事理皆是圓融，所說之法，確實皆可靠得住。

若有人言，如來得阿耨多羅三藐三菩提。須菩提，實無有法，佛得阿耨多羅三藐三菩提，須菩提，如來所得，阿耨多羅三藐三菩提，於是中，無實無虛。是故如來說一切法，皆是佛法。須菩提，所言一切法者，卽非一切法，是故名一切法。須菩提。譬如人身長大，須菩提言，世尊。如來說人身

長大，卽爲非大身，是名大身。

若有人說，如來必定有所得之法卽得無上菩提，如此見解者，卽大錯。須菩提。實沒有什麼法，佛可得無上菩提。須菩提。如來所得無上菩提，於實性中，自悟而修證，若有所求得，這是無實，自性不染善惡，於無所得而得，是無虛。是這樣的。如來說一切法，皆合於三世諸佛，所說的道理，皆是佛法，爲開導迷昧本性，妄想顚倒的衆生，使他自悟自度，須菩提，所言一切法者，爲除一切心，若無一切心，何用一切法，卽非實有一切法，假名爲一切法而已。須菩提，譬如人之一身，長而且大。須菩提會意答言，世尊。說此大身，是在因地修行之時，累劫度化衆生，所積聚無量功德，卽成就，淸淨莊嚴的功德法身，遍滿虛空，眞是爲大。說此人身，雖大，是有生滅之相，便有限量，何足爲大身，假名爲大身。

須菩提。菩薩亦如是，若作是言，我當滅度無量衆生。卽

不名菩薩。何以故。須菩提。實無有法，名爲菩薩。是故佛說一切法，無我，無人，無衆生，無壽者。須菩提。若菩薩作是言，我當莊嚴佛土，是不名菩薩。何以故。如來說莊嚴佛土者，卽非莊嚴，是名莊嚴。須菩提。若菩薩，通達無我法者，如來說名眞是菩薩。

須菩提。菩薩所做功德，度化衆生，本是菩薩皆應所作之事，功成果滿，亦如是，成就大法身。若菩薩，自作是言，我是菩薩，應該滅度一切衆生。有能度，有度之心，有此念頭，不堪稱爲菩薩。是什麽緣故。須菩提，實無別法，只有淸淨莊嚴，卽堪稱爲菩薩。是這樣的。佛所說一切諸法，是法，譬如水，能洗垢穢，若井、若池、若江、若河、溪渠大海，皆悉能洗，諸有垢穢。其法如水者，亦復如是，能洗衆生諸煩惱垢，內心無欲，卽無煩惱垢，欲除煩惱，須要先離，我人衆生壽者，沒有此四相者，是進入覺地。須菩提。若菩薩，作是言，我當建造道場的淨土莊嚴，如此見解者，未明心地也，凡夫見解而已，不堪稱爲菩薩。這是什麽緣故。如來說莊嚴佛土者，是說常寂光淨土，就是佛的清淨法身，所示寂的淨土。實報莊嚴土，是佛的報身，和地上菩薩所住的處所。方便有餘土，是二乘所居。凡聖同居土，就是這個娑婆世界，龍蛇混雜。所以說，直心是淨土，心淨則佛土淨。唯心所現，非是有相貌，可以莊嚴的，是名莊而已。須菩提。若是菩薩，通徹如如眞理，證如如智，離妄歸眞，若無有我，卽無我所，就沒有彼此，法本不生，今則不滅，法法如是，無邪見，無逆耳，無惡口，無戲論，無是非言，無貪求心，無煩惱心，無厭世意，視衆生如赤子，心意如虛空，常樂我淨，若然者，所以如來說名眞是菩薩。

一體同觀分第十八

須菩提。於意云何。如來有肉眼不。如是，世尊。如來有肉眼。

須菩提。於意云何。如來有天眼不。如是，世尊。如來有天眼。

須菩提。於意云何。如來有慧眼不。如是，世尊。如來有慧眼。

須菩提。於意云何。如來有法眼不。如是，世尊。如來有法眼。

須菩提。於意云何。如來有佛眼不。如是，世尊。如來有佛眼。

佛曰，須菩提，你的意思怎麼樣。如來我，有肉眼否。須菩提會意答言，是是，世尊。見一切形色相，前見，後不見，隔一重紙，就看不見，爲肉眼。如來有色身，見一切相，而無碍，如來亦有肉眼。佛又曰，須菩提，你的意思怎麼樣。如來有天眼否。須菩提會意答言，是是，世尊。見大千世界，一切物，見而無碍。天人亦有天眼，見而無碍。阿那律，天眼第一，見此釋迦牟尼佛土，三千大千世界，如觀掌中，菴摩勒果。如來亦如是有天眼。佛又曰，須菩提，你的意思怎麼樣。如來有慧眼否。須菩提會意答言，是是，世尊。見自性般若智燭常明。而且菩薩的慧眼，洞達十方，如觀掌中珠，何況如來，所以如來亦有慧眼。佛又曰，須菩提，你的意思怎麼樣。如來有法眼否。須菩提，會意答言，是是，世尊。見諸色相，緣生性空，洞徹世界，諸法皆空，見一切法，無一切法故。如來亦有法眼。佛又曰，須菩提，你的意思怎麼樣。如來有佛眼否。須菩提，會意答言，是是，世尊。放大光明，破諸幽暗，上至諸天，下至九幽，毫無障碍，佛眼至極圓融，觀十方恒沙世界，一切事物，絲毫都是明察。人皆具有佛眼，可是凡夫，被貪嗔癡愛欲迷住，所以天眼、慧眼、法眼、佛眼，都不能開，只有肉眼而已。如來是大覺，五眼具明，卽稱爲世尊。如來亦有佛眼。

須菩提。於意云何。如恆河中所有沙，佛說是沙不。如是，

世尊。如來說是沙。須菩提。於意云何。如一恆河中所有沙，有如是沙等恆河，是諸恆河所有沙數佛世界，如是寧為多不。甚多，世尊。

佛又曰，須菩提，你的意思怎麼樣。如恒河中所有的沙，佛說是沙否。須菩提答言，是的，世尊。如來亦說是沙。佛又曰，須菩提，你的意思怎麼樣。一條恒河中，所有的沙，每一粒沙，等於一條恒河，是諸恒河中，所有的沙，每一粒沙，等於一個佛世界，所有世界的衆生，皆有佛性，故名佛世界，你想這樣的佛世界多否。須菩提答言，一條恒河裏的沙，很多不可算數，何況是諸恒河沙，而且每一粒沙，等無數量的佛世界之多，更不可算數，自然很多，世尊。

佛告須菩提，爾所國土中，所有衆生，若干種心，如來悉

知。何以故。如來說諸心，皆爲非心，是名爲心。所以者何。須菩提。過去心不可得，現在心不可得，未來心不可得。

佛又曰，須菩提，不必遠說恒河沙的世界，就是近在你的國土中，所有的衆生之心，各人有各樣的，妄想顚倒，各各不一之心，一刹那間，生滅不停心的生滅，可比海水，後浪推前浪，隨情而遷，著境而迷。如來我，以清淨五眼，盡見盡知。這是什麼緣故。如來說諸心，皆是虛妄業識所生之心，沒有道心，非是本來清淨心。所以如來說，皆爲非心，假名爲心。所以者何。須菩提，過去心，就是思念前事，已經過去的事，事亦俱滅，思想亦無有益處。所以說，過去心不可得。現在心，思念今事，刹那生滅，念念不住，現在事要做亦做不完，聲色雜亂，貪愛塵境，外緣內擾，甘受驅馳，此亦非是本來如如不動的眞如心。所以說，現在心不可得。未來心，思念未來之事，未來事未生，莫思向前，今日食飯不知明天事，以後因緣果報，是好是壞，亦不可測量，思念亦是沒有益處，只有空思妄想而已。海枯終見底，人死不知心。三心未了，不得解脫，所以說，未來心不可得。

法界通化分第十九

須菩提。於意云何。若有人滿三千大千世界七寶，以用布施，是人以是因緣，得福多不。如是，世尊。此人以是因緣，得福甚多。須菩提。若福德有實，如來不說得福德多。以福德無故，如來說得福德多。

佛言，須菩提，你的意思怎麼樣。若是有人滿三千大千世界的七寶，金、銀、琉璃、硨磲、瑪瑙、珊瑚、眞珠，等寶以用布施。是這人所得福德因緣，多不多否。須菩提會意答言，當然是多，師父。此人前世有大布施，廣結善緣，今世所得福報是多。現世布施，後世所得福德因緣甚多。佛又說，須菩提。此種有爲福德因緣，皆是虛花不實，如幻如泡，凡夫福報，能生顚倒，若是有實，如來不說福德多。以空心爲因，法施，寶施，爲善緣，不著福報，頓入大乘，超脫三界，福慧雙修，隨緣不變，遊戲三昧，逍遙自在，福性本空，如來說得福德多。

離色離相分第二十

須菩提。於意云何。佛可以具足色身見不。不也，世尊。如來不應以具足色身見。何以故。如來說具足色身，卽非具足色身，是名具足色身。

佛言，須菩提。你的意思怎麼樣。佛性可以具足色身三十二相見否。須菩提會意答言，不也，世尊。色身三十二相具足，由於功行所修，現色身的莊嚴相，色身可是妄想生，有生卽有滅，雖然色身具足相，可以肉眼，不能見得眞如法身的妙相。這個緣故。若要見淸淨法身者，須要離染汚，離執著，離貪瞋痴，一塵不染，萬劫不壞，則是具足。師父您，說具足色身，終須敗壞，非究竟具足。是破凡夫執相迷眞，去除外邪，是名具足色身而已。

須菩提。於意云何。如來可以具足諸相見不。不也，世尊。如來不應以具足諸相見。何以故。如來說諸相具足。卽非具足，是名諸相具足。

佛又言，須菩提。你的意思怎麼樣。佛的法身可以具足，我人衆生壽者，諸相見否。須菩提會意答言，不也，世尊。如來的淸淨法身，不應有我人衆生壽者，及其法相，非法相，斷滅相，一切諸相，亦是假合，皆是妄想心所現，若有妄想心在，決不能見淸淨法身。何以故。如來說諸相具足，卽是圓滿具足，清淨法身，遍滿虛空，若離諸色相，人空、法空、非色、非空、非離諸相，非不離諸相，迴光返照，性相如如不動，隨緣不變，雖是具足，卽非具足，是名諸相具足而已。卽心元是佛，不悟而自屈，我知定慧因，雙修離諸物。更無別佛，本自具足。

非說所說分第二十一

須菩提。汝勿謂如來作是念，我當有所說法，莫作是念。何以故。若人言如來有所說法，卽爲謗佛，不能解我所說故。須菩提。說法者，無法可說，是名說法。

須菩提。你不可執着，如來所說的法，旣是實言。你是不可存着文字語言。這樣的念頭。須要悟解，如來雖有言說，離言說的，方便而說卽對。這個是什麼緣故。若是愚迷人，只執文字言句，依文背義，有這種迷人的言說，皆是如來所說的法，這種迷人，卽爲謗佛，不能了解我說的道理。我雖有語言，卽是以心印心，應機而說，有時言有，有時說無，實無有定法可說。須菩提。說法者，沒有實法可說，妙法不在語言，不在文字上，聞法者，需要一聞千悟。若有言說都無實義，本來無法可說，非說所說，不得已而言說，是這個名詞說法。

爾時慧命須菩提白佛言，世尊。頗有衆生，於未來世，聞說是法，生信心不。佛言，須菩提。彼非衆生，非不衆生。何以故。須菩提，衆生衆生者，如來說非衆生，是名衆生。

爾時，就是須菩提尊者，請問佛的時，慧命卽是法身自性的活命，萬劫不滅。生命，就是衆緣和合而生，一口氣呼吸不到卽死。須菩提，請問佛陀，師父。有甚多的衆生，於未來世，離開師父您，已經久遠，聞說師父您說，此卷金剛經的經句，非說就是眞說，無法卽是實法，這種甚深，眞空無相的妙理，恐怕不能了悟，怎麼能生信心否。佛就答言，須菩提。他不是衆生，衆生皆有佛性，有具足德本，若是成佛，就不是衆生。亦不能說他們，不是衆生。這是什麼緣故呢。須菩提。衆生心裡，轉變無常，若轉爲業識，貪嗔、嫉妒、憤高、我慢、邪迷，不善之心，還是衆生。若是轉爲善本，能依法而修，聞是章句，自能信心，若識自本心，見自本性，如來說非衆生。現在未成佛，是名衆生。

無法可得分第二十二

須菩提白佛言，世尊。佛得阿耨多羅三藐三菩提，爲無所得耶。佛言，如是如是。須菩提。我於阿耨多羅三藐三菩提，乃至無有少法可得，是名阿耨多羅三藐三菩提。

須菩提。向佛當機直問。師父您。成佛得無上正等正覺，實無所得，則是自性本自妙明，清淨智慧，究竟就是返本還原，不是從外有所得的，是，亦不是也。佛就答曰，不錯是的。須菩提，我自發起道心的時候，至成無上正等正覺的時，沒有絲毫可得，若有所得，怎麼叫做無上菩提呢，迷悟有殊，迷時如失財，悟者如得寶，本是自家物，無失亦無得，若言失得，卽是凡夫見解。本自具足，身去身來本三昧，無一法可得，方能建立萬法，實無有少法可得，是名無上菩提。

淨心行善分第二十三

復次，須菩提。是法平等，無有高下，是名阿耨多羅三藐三菩提，以無我，無人，無衆生，無壽者。

佛陀連續開示，叫須菩提。正法平等，一切無有高下，諸佛皆是平等，十方諸佛沒有高下，十方諸佛所說的法，同一樣的道理，權實並行，三明六神通具足，是名無上正等正覺。若說實性者，亦是無有高下，處凡愚而不減，在賢聖而不增，住煩惱而不亂，居禪定而不寂，佛與衆生的眞如性，亦是沒有差別，爲之平等無有高下，原無我人衆生壽者，四相等，之差別。

修一切善法，卽得阿耨多羅三藐三菩提。須菩提。所言善法者，如來說卽非善法，是名善法。

何謂是一切善法。四念處，第一分解釋。四正勤，斷惡，修善，就是成佛的條件工作。四如意足。欲、念、進、慧。「欲」、卽是離欲。「念」、是正念。「進」、是精進。「慧」、就是妙慧。修此四法，能發神通。「五根」。信、念、進、定、慧。有信根，卽不疑心，有念根，卽不昏沉，有進根，卽不懈怠，有定根，不散亂心，有慧根，就無愚癡心，而能分別，利根鈍根。「五力」。是從五根修進力量，而樂求佛果。「七覺分」。念、擇、進、喜、輕安、捨、定。（念）、就是覺念，不是妄念，念向內心覺照本心。（擇）由你選擇法門，頓悟頓修。（進）、精進聖位，能知法意。（喜）、就是常樂佛法。（輕安）、沒有業識，得住安樂。（捨）就是捨離一切染著煩惱。（定）、卽是八風吹不動，利、衰、毀、譽、稱、譏、苦、樂。「八正道」，正念、正思維、正語、正見、正業、正方便、正命、正定。卽是對治八邪。六度萬行，布施，度貪慳。持戒，度淫邪。忍辱，度嗔恚。精進，度懈怠。禪定，度散亂。智慧，度愚癡。此三十七道品，及六度萬行，既是一切善法，依法而修，卽得無上菩提。須菩提。所言善法者，如來說，卽非善法，本來無惡無善，希望求果報，卽非善法，是名善法。

福智無比分第二十四

須菩提。若三千大千世界中，所有諸須彌山王，如是等七寶聚，有人持用布施，若人以此般若波羅蜜經，乃至四

句偈等，受持讀誦，爲他人說，於前福德百分不及一，百千萬億分，乃至算數譬喻所不能及。

佛言，須菩提。若三千大千世界中，所有的世界：每一個世界，各有一個，須彌山。這是梵語。譯華言，爲妙高山，是衆山之王。將三千大千世界，所有的七寶，聚寶成妙高山。有人將此七寶持用布施，所得福德雖然甚多。若人以此，依於般若波羅蜜經，受持讀誦，須要心堅，如暗中有寶，無燈不能見，慧眼若明，無微不照，般若自能解脫自在，悟徹此經，乃至四句妙偈等，受持讀誦爲他人說，演三乘，說方便法，方便有多門，一乘是實，歸原無二路，得此智慧寶，賊偷偷不得，享受無盡時，勝於聚寶成山的，布施福德、譬喻算數，多出億萬萬倍之廣，所不能及。

化無所化分第二十五

須菩提。於意云何。汝等勿謂如來作是念，我當度衆生。須菩提。莫作是念，何以故。實無有衆生如來度者。若有衆生如來度者，如來則有我人衆生壽者。

佛曰，須菩提。你的意思如何。汝等勿錯念頭，一切衆生，皆是如來我所度者。須菩提。你莫錯用意。這個道理。我告訴你們。諸佛世尊。唯以一大事因緣，故出現於世．一切衆生，具有如來德本，實無有衆生如來度者。若有衆生如來度者，何用一切法，你莫作此念。如來我，有衆生可度之心，若有衆生可度者，如來則有我人衆生壽者。亦是四相未除。

須菩提。如來說有我者，則非有我。而凡夫之人，以爲有我。須菩提。凡夫者，如來說卽非凡夫，是名凡夫。

佛又言，須菩提。如來說有我者，而顯說眞常。眞樂。眞我。眞淨。則非凡夫分別妄我，而凡夫之人，不能離相，破彼偏見，使他自悟。佛又說，須菩提。凡夫執著有爲法，斷無爲法，執於邪常。邪樂。邪我。邪淨。這是凡夫四倒也。二乘之人，斷有爲法，執著無爲，常計無常。樂計爲苦。眞我計無我。清淨計不淨。此是二乘四倒，斷常邪見，共成八倒，不能自悟，一念之差，迷卽凡夫，一念豁然大悟，自身等佛，如來說卽非凡夫。未悟之時，是名凡夫。

法身非相分第二十六

須菩提。於意云何。可以三十二相觀如來不。須菩提言，如是如是，以三十二相觀如來。佛言，須菩提。若以三十二相觀如來者，轉輪聖王卽是如來。須菩提白佛言，世尊。如

我解佛所說義，不應以三十二相觀如來。

佛叫須菩提。於意云何。具足三十二相色身相，能觀見無相法身如來否。須菩提會意，報身足三十二相，皆是法身運用功行修成。無相之相須用觀，有相之相謂之見，故答言是是，以三十二相也可以觀見如來。佛陀恐未徹悟之人，著相之觀，不能離緣影。佛卽直指，設一個譬喻。轉輪聖王的福德甚大，亦有三十二相具足，於佛無二，卽轉輪聖王豈不是如來麼。須菩提向佛答言，世尊。如我解佛所說的道理，若無修證，似四大天王，金輪聖王。銀輪聖王。銅輪聖王。鐵輪聖王。管四大部洲，東勝神洲。西牛賀洲。南贍部洲。北俱盧洲。福業雖大，非是無漏智慧，雖然外貌三十二相具足莊嚴。若無功行並行，於空而離空，卽不著空病。於相而離相，卽不着相病。若有固執，雖是報身莊嚴，亦不能見如來法體。

爾時世尊而說偈言，若以色見我。以音聲求我。

是人行邪道。不能見如來。

這個時候，世尊而說偈言。「若以色見我」。此句偈意，開示執形色之人，執相迷眞，若用形色相，求見清淨法身，無有是處。「以音聲求我」。誦經須要悟經義，經者徑也，使吾們直到彼岸的路徑，若不悟經義，如幻如化，卽是斷了正法。音聲念佛，念至一心不亂，身心淸淨，見自本性，圓明常寂照，如此念佛者，卽是究竟念佛本宗，須要心行，不在口念，口念心不行，成爲妄念，卽被念轉，不能見佛。「是人行邪道」。這種人未明正法，徒執音聲色相，求見本性，無有是處，何異邪道。就是十惡。八邪。十惡者。身三業。殺、盜、淫。口四業。妄語、惡口、兩舌、綺語。意三業。貪、嗔、痴。八邪者。邪念、邪思維、邪語、邪業、邪見、邪方便、邪命、邪定。「不能見如來」。如此偏見，向外馳求，何爲眞實義，經百千劫，決不能見如來的眞空法身。

無斷無滅分第二十七

須菩提。汝若作是念，如來不以具足相故，得阿耨多羅三藐三菩提。須菩提。莫作是念，如來不以具足相故，得阿耨多羅三藐三菩提。須菩提。汝若作是念，發阿耨多羅三藐三菩提心者，說諸法斷滅，莫作是念，何以故。發阿耨多羅三藐三菩提心者，於法不說斷滅相。

須菩提，汝若是這樣的念頭，如來不以具足相故，就得無上菩提。須菩提，汝切莫這樣的念頭，你雖然了悟，無著相的道理，亦不應該執法的思想，依言背義，若是成佛，亦不必具足三十二相，即可以成佛，如此見解者，即是大錯，具足妙相者，就是在因地，初發心之時，累功積德，自利勤修，利他布德，於功行所修積成，從無所得中而得來。自無量數佛以來，沒有一如來，不以具足妙相，能得，無上正等正覺。須菩提，你若是這樣的念頭，若謂不因修福德，叫做發菩提心者，沒有是處，福德因緣，助道根苗，就是道原功德之母，若謂不因修福者，所說諸法，變成斷滅，一切法，皆可廢，而不用，此念決不可起。什麽緣故。發菩提心者，於法必須先除一切煩惱心，卽叫做發菩提心，就是覺悟，因由恐怖執著，而生煩惱障，欲除煩惱者，先離恐怖執著心，卽是於法的基楚，而能堅持，無斷無滅，於法而修，名曰常精進，能到究竟大覺，如一燈燃百千燈冥者皆明，明終不盡。佛燈常不滅，照耀遍十方。

不受不貪分第二十八

須菩提。若菩薩，以滿恆河沙等世界七寶，持用布施。若復有人，知一切法無我，得成於忍，此菩薩勝前菩薩，所得功德。

須菩提。若是發施捨心的菩薩，用滿恒河沙數的世界，那麼多的，七寶。常常布施。可是布施有二種。一者，爲求名利，捨小望得大報，如此的布施，雖然有施捨心，有所得福德，亦是很微些的，有限量的。亦有一種，沒有貪求福德，無住相的布施，心量廣大，方便布施，所得功德，就不可限量。若復有人，悟覺一切世間法，皆是虛幻，沒有實體，隨因緣而生，隨因緣而滅，應緣而用，沒有常存之處，沒有我所，卽是達妄歸眞也。色身是父母所生，四大假合，終須敗壞，知身是幻，借此幻身，學佛修行，爲法忘軀，得成於忍，此忍非忍辱也，就是無生法忍，忘忍也，修到無生法忍，只有忍辱名相而已，亦沒有忍辱的念頭，無我始得成就。此菩薩，所得功德，勝前，以恒河沙數的七寶，布施之菩薩，所得功德，更多多矣。

何以故。須菩提。以諸菩薩不受福德故。須菩提白佛言，世尊。云何菩薩不受福德。須菩提。菩薩所作福德，不應貪

著，是故說不受福德。

是什麼緣故。須菩提，你要知道，以諸修清淨行之人，不貪求福德，所謂上德不德，下德執德。上士無爭，下士執爭。菩薩不求自己名望，謂之不受福德故。須菩提，向佛請問，世尊。云何菩薩不受福德，因緣果報，理之當然，若不受福德者，何必布施，忍辱，而求功德圓滿否。爲什麼。說菩薩不受福德呢。佛又告曰，須菩提，菩薩所作福德，爲利益他人，不求他報。給事他人，不求果報。供養他人，不求他報。並利他人，不求恩報。乃至下心，滿人心願，難捨能捨。難忍能忍。難行能行。難救能救，不擇寃親，平等濟度。菩薩所作福德，無計功能之念，不應貪著，福德來與不來，聽之而已。是故說不受福德，就是這樣的。

威儀寂靜分第二十九

須菩提。若有人言，如來若來若去，若坐若臥，是人不解我所說義。何以故。如來者，無所從來，亦無所去，故名如來。

須菩提。若有人言，如來我，若來若去，若坐若臥，是這人，不能了解我所說的道理。然而來去之相，亦是寂然不動，如來若有去來之處，卽同凡夫所為，何必現威儀寂靜之相，可是如來雖有，行、住、坐、臥，來去之相，隨緣而現，表達四威儀中，亦是常寂靜。處於色身，自有日常生活當中，亦皆所應做的規律。何以故。如來者，遍一切處，充滿法界，無所住處，卽無所從來，從心所欲，亦無所去，三身合一體，化身千百億，來而不生，去而無滅，如如不動之體，如其本來，現本來的眞相，故名如來。

一合理相分第三十

須菩提。若善男子，善女人，以三千大千世界碎為微塵，於意云何。是微塵衆，寧爲多不。須菩提言，甚多。世尊。何以故。若是微塵衆實有者，佛卽不說是微塵衆。所以者何。佛說微塵衆，卽非微塵衆，是名微塵衆。

世尊，點破明心見性，卽是非一非異的道理。佛叫須菩提。若有發菩提心的，善男子，善女人，自性起妄念心的時，譬喻三千大千世界，碎爲微塵，你的意思怎麽樣。這個妄念微塵多不多否。須菩提會意，答言甚多。世尊。這個是什麽緣故呢。微塵非實有，世界亦非實有，若無世界，亦無微塵，世界不離微塵，微塵不離世界，微塵聚合，爲世界，世界碎爲微塵。眞如本性譬喻世界，眞如有性所以起念，起念譬喻微塵，眞如卽是念之體，念卽是眞如之用。法身不離應身，應身若迷，似世界碎爲微塵，應身若悟，如微塵聚合，爲世界。所以佛卽不說是微塵衆，微塵聚合爲世界，能生萬物。應身若悟，妄念歸於法身，自性能生萬法。所以妄念亦非實有，是名微塵衆。

世尊如來所說三千大千世界，卽非世界，此名世界。何以故。若世界實有者，卽是一合相。如來說一合相，卽非一合相，是名一合相。須菩提。一合相者，卽是不可說，但凡夫之人，貪著其事。

師父，如來所說三千大千世界，卽非此有形相的世界，是無相淸淨世界，所以佛言，心淨卽佛土淨，師父您的權說，世界，就是一個微塵積聚的世界。這個什麼緣故。若是徹悟見得實性淨土者，如虛空，似世界，語言不能形容，妙不可言，卽是一合相，雖然如來說一合相，卽非一合之相，卽是三身合一體的理性，法身、報身、化身，合爲一相，是名一合相。佛叫須菩提。若是明心見性之人，返觀內照，各有妙境。你是不可形容表說。但凡夫之人，只見幻景，不見眞性淨土，你若是表現說出，增加他們的著相之病。

知見不生分第三十一

須菩提。若人言，佛說我見，人見，衆生見，壽者見。須菩提。於意云何。是人解我所說義不。不也，世尊。是人不解如來所說義。何以故。世尊說，我見人見衆生見壽者見。即非我見人見衆生見壽者見。是名我見人見衆生見壽者見。

佛叫須菩提。若有人言，佛說我人衆生壽者四見，須菩提。你的意思怎麼樣。是這種的人，能了解我所說的道理否。須菩提答言，不也，世尊。這種之人，是不能了解，師父您所說的意義。世尊您，教化他們，即須廣學多聞，不可沉空守寂，即能分別一切法，第一義而不動。凡夫的錯解，只求知見知解，却被知見障礙，被能知所蔽，凡夫知見，外不能離六塵，內不能離緣影。這個是什麼緣故。世尊所說，我人衆生壽者四見，與凡夫不同之見，凡夫我見、偏見、邪見、見趣，是貪取名利，所引起之知見。世尊說，我見人見衆生見壽者。見師父您。是於佛，五眼妙慧，眞知無知無所不知，眞見無見無所不見。開導凡夫衆生，棄除外邪而說。若全無眞知眞見，如何教化他們呢。佛之知見，卽非凡夫知見，不過借此四見之名而已。

須菩提。發阿耨多羅三藐三菩提心者。於一切法，應如是知，如是見，如是信解，不生法相。須菩提。所言法相者，如來說，卽非法相，是名法相。

須菩提，發無上正等正覺心者，於一切法而修，實行爲本，世人外迷著相，內迷著空，若能於相離相。於空離空，卽是內外不迷，若悟此法一念心開。是爲開佛知見。應如是知，如是見，悟覺知見，本來眞性而得出現，上無道心永不退轉。卽能信解受持，不生法相，不生邪見，莫向外求。與佛無二。須菩提，所言法相者。法相本空，如來說卽非法相。無相之相，是名法相。

應化非眞分第三十二

須菩提。若有人，以滿無量阿僧祇世界七寶，持用布施。若有善男子，善女人，發菩提心者，持於此經，乃至四句偈等受持讀誦，爲人演說，其福勝彼。云何爲人演說，不取於相如如不動。

佛叫須菩提。若有人，以滿無量阿僧祇世界。阿僧祇，是梵語，譯華語，不能算數。充滿世界的七寶，常常布施，這是人天福報。若有大善根，善男子，善女人，發正覺心者，持此金剛般若波羅蜜經，無始無終，乃至四句妙偈，信心堅固，受持讀誦，爲人演說，能令衆生，坐於道場，而轉法輪，其福勝前之福更多多矣。云何爲人演說，不取於相，如如不動。若有機緣，說此經義，以平等心，無人我心，以方便力，爲諸大衆，分別解說，妙契他們信解受持，心口清淨，以如如心，說如如法，能所俱泯，性相如如，就是不動也。

何以故。一切有爲法，如夢幻泡影，如露亦如電，應作如是觀。佛說是經已，長老須菩提，及諸比丘，比丘尼，優婆塞，優婆夷，一切世間天人阿修羅，聞佛所說，皆大歡喜，信受奉行。

這是什麼緣故呢。一切有爲法，如夢境相，如同幻緣，如同水泡，如同虛影，如同朝露，如同電光石火，豈非常也。你等，應當作如此之觀，則能顯露眞觀、清淨觀、廣大智慧觀。世尊，說至圓滿終結。一切迷執破盡，直指有爲之法，皆是虛幻不實，有爲法，無爲法，差之分毫，失之千里。何謂無爲法，參禪，悟道，迴光返照，明心見性，心無染著，皆是無爲之法。而實無爲不離有爲，有爲不離無爲，即是中道第一義諦。佛說是經已畢。阿難記說，長老須菩提，與同時在法會聽經的，受具足戒的比丘，及具足戒比丘尼，一切善男信女，及天龍八部，並阿修羅道鬼神等。各自開悟，皆大歡喜，信受其言，奉行其教。

國家圖書館出版品預行編目資料

金剛般若波羅蜜經講義／心空法師著. -- 初版. --
新北市：華夏出版有限公司, 2024.02
面； 公分. --（圓明書房；035）
ISBN 978-626-7296-78-3（平裝）
1.CST：般若部

221.44 112014225

圓明書房 035
金剛般若波羅蜜經講義

著 作 心空法師
出 版 華夏出版有限公司
220 新北市板橋區縣民大道 3 段 93 巷 30 弄 25 號 1 樓
電話：02-32343788 傳真：02-22234544
E-mail：pftwsdom@ms7.hinet.net
印 刷 百通科技股份有限公司
電話：02-86926066 傳真：02-86926016
總 經 銷 貿騰發賣股份有限公司
新北市 235 中和區立德街 136 號 6 樓
電話：02-82275988 傳真：02-82275989
網址：www.namode.com
版 次 2024 年 2 月初版—刷
特 價 新臺幣 240 元（缺頁或破損的書，請寄回更換）

ISBN-13：978-626-7296-78-3